A
DEMOCRACIA
IMPEDIDA

Wanderley Guilherme dos Santos

A DEMOCRACIA IMPEDIDA
O BRASIL NO SÉCULO XXI

FGV EDITORA

Copyright © 2017 Wanderley Guilherme dos Santos

Direitos desta edição reservados à
EDITORA FGV
Rua Jornalista Orlando Dantas, 37
22231-010 | Rio de Janeiro, RJ | Brasil
Tels.: 0800-021-7777 | 21-3799-4427
Fax: 21-3799-4430
editora@fgv.br | pedidoseditora@fgv.br
www.fgv.br/editora

Impresso no Brasil | Printed in Brazil

Todos os direitos reservados. A reprodução não autorizada desta publicação, no todo ou em parte, constitui violação do copyright (Lei nº 9.610/98).

Os conceitos emitidos neste livro são de inteira responsabilidade do autor.

1ª edição – 2017; 1ª, 2ª e 3ª reimpressões – 2017; 4ª reimpressão – 2020; 5ª reimpressão – 2021.

Preparação de originais: Angela Vianna
Revisão: Fatima Caroni
Projeto gráfico de capa e miolo: Mari Taboada
Ficha catalográfica elaborada pela Biblioteca Mario Henrique Simonsen/FGV

> Santos, Wanderley Guilherme dos, 1935-
> A democracia impedida: o Brasil no século XXI / Wanderley Guilherme dos Santos. – Rio de Janeiro : FGV Editora, 2017.
> 188 p.
>
> Inclui bibliografia.
> ISBN: 978-85-225-1942-2
>
> 1. Democracia – Brasil – Séc. XXI. 2. Brasil – Política e governo – Séc. XXI. 3. Golpes de Estado – Brasil. I. Fundação Getulio Vargas. II. Título.
>
> CDD – 320.981

SUMÁRIO

Prefácio 7

1. Democracia representativa e golpe constitucional 11

2. 1964 e 2016: dois golpes, dois roteiros 33

3. De eleições, temores e processos distributivos 67

4. A sucessão da oligarquia pela competição eleitoral 89

5. Da democracia e seu bastardo: o golpe parlamentar 129

6. A expropriação constitucional do voto 159

Prefácio

Este não é um livro de propaganda, mas de interpretações críticas, em que pressuponho no adversário o mesmo empenho com que busco entender a complexidade da democracia moderna. Se toda interpretação divergente resultasse de deliberada má-fé, não haveria sentido criticá-la. A expectativa de persuadir se justifica na medida em que a disposição de mudar de opinião, se persuadido pela argumentação contrária, seja axioma comum ao intérprete e ao leitor.

Este não é um livro inocente. Ideias competem não apenas com ideias, mas com interesses. Meu interesse está associado à confiança no potencial das reflexões que exponho. Mas acredito que o melhor entendimento das conexões entre reflexão e compromissos práticos ajuda a ambos. Nem sempre a supremacia política está fundada em conceitos produtivos, daí a peculiar responsabilidade das ideias: erros têm consequências, nem sempre reversíveis.

Em meu lance de abertura, entendo que o golpe em curso no Brasil expressa rombuda submissão da inteligência empresarial ao interesse do oportunismo político. Em sã consciência, nenhum conservador acredita que as deficiências do governo de Dilma Rousseff recomendavam o extremo de uma cesura constitucional em favor da entrega do poder nacional à medíocre confraria que o usurpou. O Partido do Movimento Democrático Brasileiro (PMDB) não tem histórico de estadistas, mesmo que reacionários, mas de habilíssimos articuladores parlamentares. Os recursos com que contaram sempre, vazios do ponto de vista intelectual, eram abundantemente abonados em empregos e falcatruas; nenhuma ideologia, porém fartos interesses miúdos. Até mesmo a grande predação escapava à capacidade operacional de seus quadros, vista a evidência de que os graúdos e recentes ladrões da Petrobras não eram ligados a partidos ou, na maioria, pertenciam ao Partido Progressista (PP). Os peemedebistas já descobertos vendiam-se por migalhas. Medo do flagrante levou-os à sandice do golpe burocrático parlamentar, com a conivência das elites conservadoras, mas socialmente fracassado, sem perspectiva de redenção. Meliantes sem projeto de futuro, os intrusos no poder afagam os grandes cartéis de interesse, gigantes internacionais que lhes deem cobertura na rede cosmopolita em que são penetras, adotando-lhes as ideias, protegendo-lhes os interesses.

A trapaça nacional compõe capítulo suburbano de eminente processo de longa duração em que as utopias de sociedade fundadas na solidariedade foram dizimadas pela horda dos acumuladores e concentradores de lucros. Essa história tem um sentido, sentido disputado por filósofos e analistas sociais. É com esse confronto maior de interpretações que o presente volume está comprometido.

O entreato brasileiro se inscreve no processo de profunda ruptura civilizatória em que a ideia de democracia como liberdade e autonomia submergem diante da versão de democracia como riqueza sem limite legítimo e poder sem constrangimento de afronta. É razoavelmente factível iludir pessoas de boa-fé quanto ao vero caráter da política brasileira atual. O Brasil ingressa no modo brutamontes de seus governantes na arena internacional do século XXI – de que o prestígio da estupidez dos esportes de violência desregrada constitui iluminado símbolo.

Este livro foi escrito veloz, mas não apressadamente. O núcleo da problemática contemporânea da democracia ocupa a agenda de grande número de estudiosos, e, em particular, os eventos dos dois últimos anos no Brasil se introduziram em pesquisa com que tenho estado intermitentemente envolvido, e que, longe de termi-

Prefácio

nada, favoreceu incorporar a crise nacional em dramático contexto internacional. Fui socorrido, ademais, pela leitura atenta de cada versão, todas escritas e revistas com dedicação exclusiva, de Cesar Guimarães e Adalberto Cardoso, de cuja solidariedade profissional e pessoal me aproveitei sem pudor. Deixei de tentar atender a duas reservas críticas especialmente relevantes: continuo persuadido de que os diversos grupelhos agora aparecidos, a que chamo de micróbios (pequenos e de duração efêmera), parasitam os movimentos de maior porte e não possuem vida autônoma significativa. Matéria que a experiência futura esclarecerá. E não expus como a conceituação de golpe constitucional aqui adotada se aplica aos sistemas parlamentaristas. No momento, tenho insuficiente informação sobre os pormenores da rotina parlamentarista para revelar como a tese é válida para qualquer sistema representativo. Minha presunção inicial consiste em desconhecer razões de princípio que tornem qualquer sistema representativo imune à possibilidade de que o corpo de representantes sequestre, em golpe de mão, o poder constitucional originário, exclusivo da população. E esse lance de usurpação está na essência do golpe constitucional ocorrido no Brasil, que não permanecerá solitário no grupo, mesmo se dispensadas as peripécias paraguaias e hondurenhas anteriores. Cesar e Adalberto são largamente responsáveis pela disposição com que busquei superar cansaço e dificuldades intelectuais, mantendo-me, com severidade e afeto, fiel ao compromisso de justificar a atenção com que me honravam. Espero não os haver decepcionado.

Este é o quarto livro que publico pela Editora da Fundação Getulio Vargas, graças à recorrente hospitalidade da editora a meus escritos. Marieta de Moraes Moreira, sua diretora, ouviu, participando, a breve exposição do conteúdo do estudo e perguntou se eu o levara. Senti que cometera uma gafe não tendo um exemplar do original, o que, convenhamos, não é comum acontecer aos autores quando submetem suas ideias, normalmente hesitantes, aos editores, normalmente céticos. Pois assim foi – quer dizer, 48 horas depois que enviara o livro para leitura – que recebi mensagem de Maria da Graça, a Graça, comunicando que a turma da preparação de originais perguntava quando chegaria o "Prefácio". Este, que acabo de escrever meia semana depois da mensagem interrogativa. É compreensível que eu não tenha tido ainda a oportunidade de conhecer a "turma" da editoração, mas estou absolutamente seguro de que a tarefa, como das outras vezes, será excepcionalmente executada. A todos os nomeados e mencionados, meu agradecimento tão caloroso e contente quanto o de meu primeiro livro publicado, já lá vão algumas décadas.

Queria dedicar um estudo meu a Luiza, Elisa e André Guilherme, mas o ar meio melancólico do tema desta *democracia impedida* é incompatível com a beleza e vivacidade delas e dele. Fica a promessa.

CAPÍTULO I

Democracia representativa e golpe constitucional

Refletir sobre a democracia contemporânea como se ela fosse inocente das violações a que tem sido submetida denuncia de pronto a insuficiência da análise. Em sua breve biografia, a democracia ostenta uma quantidade de interrupções e impedimentos em número superior às crises institucionais dos períodos oligárquicos na Europa e em vários países da América Latina, inclusive no Brasil. O estereótipo de que os países da América do Sul têm uma carteira de golpes de Estado sem competidores no mínimo calunia o Chile, o Uruguai e o Brasil. A cicatriz profunda deixada por golpes, ao contrário da lembrança das previsíveis e cronometradas práticas democráticas, decorre de seu caráter imprevisto e caviloso. A história registra e a fortuna econômica posterior ratifica que as democracias representativas europeias contemporâneas surgiram, à exceção da Suíça e da Grã-Bretanha, das autocracias impostas pela ocupação nazista ou são autóctones, e que a África e grande parte da Ásia resultam de um desenho de exploração colonial. Enfim, as intervenções atrabiliárias na vida política contemporânea são erupções imanentes à fase propriamente democrática das histórias nacionais e exprime um desarranjo dessas histórias.

Investigar a prática democrática e suas consequências, ou interferências golpistas, como se as últimas se originassem em universo paralelo ao cosmos democrático, constitui equívoco essencial.

Rupturas golpistas não se encontram no extremo de um contínuo de gravidade crescente de crises de governabilidade, quando ultrapassam o limite de admissibilidade institucional. Esse perfil do golpismo pertence ao período em que as regras democráticas ainda não haviam naturalizado o fenômeno da substituição do poder votado por algum tipo de poder arbitrado, fora da arena eleitoral. A mecânica dos golpes militares subentendia um consenso tácito entre os comandantes militares relevantes quanto à necessidade, à conveniência, segundo critérios estranhos aos procedimentos eleitorais, de substituir os ocupantes do poder de governar e para tanto eleitos. Em geral, a confirmação de que o cálculo preliminar sobre a extensão do acordo tácito era suficiente ocorria diante do fato consumado. Quando a especulação se revelava negligente ou precipitada, a intervenção se tornava mera tentativa e fracassava ou se transformava em guerra civil. Com o tempo, o mecanismo de substituição dos ocupantes do governo por via não eleitoral adquiriu fórmulas constitucionais, naturalizando e trajando de civilidade a violência contra os resultados eleitorais prévios.

Mas não são exclusivas das intervenções golpistas as ameaças à democracia. Na realidade, o naipe de fraudes à lisura da competição democrática, em diversas sociedades, escapa ao catálogo tradicional dos colapsos representativos. Algumas, de rica inventividade, valem-se das regras democráticas de modo tal que a substância do sistema fica comprometida, sem que elas se encaixem nas clássicas definições de golpe de Estado. O estudo da problemática democrática contemporânea está indissoluvelmente ligado à investigação sobre a dinâmica institucional, e não somente conspiratória, de esvaziamento da vontade eleitoral.

De todo modo, contudo, assalto ao poder comporta surpresa e traição. Pode ocorrer em qualquer regime – monárquico, oligárquico, submetido a ditaduras civis ou militares –, mas golpes parlamentares só ocorrem em sistemas de democracia representativa. Nestes, a ruptura tenta preservar o efeito-legalidade das instituições, a normalidade rotineira das operações, enquanto altera a hierarquia das preferências governamentais, substituindo o luzeiro teleológico, a finalidade que, alegadamente, preside as decisões subversivas. Distinguem-se dos protocolados golpes militares por não amputarem as prerrogativas funcionais das instituições. Dispensando o aparato militar, não se identificam, contudo, com as habituais soluções civis para crises de grande envergadura, estas bem catalogadas pelas análises acadêmicas – por exemplo, a substituição do regime presidencialista pelo parlamentarista ou vice-versa. Quanto às consequências, portanto, nem ditaduras abertas nem substituição imprevista de regimes de governo resultam necessariamente de golpes parlamentares. Na alternativa ditatorial, o Parlamento desaparece ou converte-se em mísera ficção com tarefas propagandísticas; em golpes "civis", busca-se a redenção da conspirata pela troca na mecânica de governo quando se trata, cruamente, de substituição dos ocupantes e da ideologia do poder.

Golpes parlamentares são fenômenos genuinamente inéditos na história das democracias representativas, incluindo nesse conjunto as democracias consideradas clássicas, modernas, de massa, em processo de consolidação ou transição. Justamente por isso, cenário de recente molde e confecção, são poucos os episódios disponíveis para análise. O instrumental da ciência política, da sociologia e do direito ensaia, na melhor das hipóteses, elucidar as condições antecedentes e a descrição fenomenológica de um tipo de violência, isenta, contudo, de escandalosas e indisfarçáveis transgressões constitucionais.

É plausível que o assalto noticiado no Paraguai, em junho de 2012, tenha transcorrido segundo padrão assemelhado. Não estou familiarizado com a vida política paraguaia o suficiente para sugerir comparações. Todavia, a sentença do Tribunal Internacional da Democracia, reunido no Rio de Janeiro, em 19 e 20 de julho de 2016, concluindo constituir golpe de Estado o processo de impedimento da presidente Dilma Rousseff, lista o episódio paraguaio e outro, o hondurenho, como acontecimentos semelhantes. No Paraguai, o Parlamento aprovou o impedimento do presidente Fernando Lugo, por iniciativa de um político de seu próprio partido, em sessão de 24 horas, com duas horas reservadas para a defesa. Na Câmara, a votação registrou 76 votos a favor, um contra, e três ausências; no Senado, foram 39 votos pelo impedimento e quatro contra. O Tribunal Superior de Justiça Eleitoral considerou legítimo o processo.

A sentença do Tribunal Internacional da Democracia remete ainda à destituição dos poderes da figura constitucional de presidente da República finlandesa levada a efeito pelo Congresso, em 2000, sem mandato preliminar para tanto, a pretexto de ajustamento institucional a exigências da União Europeia. Com isso modificou-se o sistema de governo da Finlândia, substituindo o presidencialismo pelo parlamentarismo.[1] Totalmente inédito ou não, decisivo é que a raridade momentânea dos episódios, ou a singularidade do país, não implica automaticamente etnocentrismo de análise e conclusões idiossincráticas. Ademais, atenção mais concentrada em próximas substituições no poder de democracias representativas irá muito provavelmente revelar a frequência do fenômeno, sob a inocente aparência de meros resfriados constitucionais. Espero que ao final desta análise a previsão se apresente como teoricamente plausível, e não uma aposta no azar.

As acusações de etnocentrismo destinavam-se, durante o auge dos estudos comparativos, àqueles, monográficos, que emitiam juízos de valor sobre a qualidade das instituições nacionais estudadas, por restrita comparação ao modelo norte-americano, inglês ou, com benevolência, às experiências nórdicas. O caso brasileiro não se situa como paradigmático, mas como exemplo atual do fenômeno que é o principal sujeito da investigação: o golpe parlamentar inscrito em democracias representativas de massa.

Feitas as devidas reduções sociológicas, assinale-se que Alexander Hamilton, James Madison e John Jay não dispunham de

---

1. A sentença remete a Kauppi, Niilo, *Democracy, Social Resources and Political Power in the European Union*, Manchester University Press, Manchester, 2005.

modelos de organização presidencial do poder político ao refletir sobre a nova nação independente. A ideia de governo popularmente eleito, ainda que de eleitorado muito reduzido, não repercutia favoravelmente na Europa do século XVIII, e a França revolucionária logo iria recuar em relação ao tema. Mas a experiência traumática dos Estados Unidos com a obediência às diretivas da monarquia parlamentar inglesa incentivou a investigação de formas alternativas de governo. Os princípios republicanos dos *Federalist Papers* espelham os debates e doutrinas fixando alcance e responsabilidade da figura do Executivo, a autoridade do Senado e da Câmara de Deputados, os limites consentidos à ação do governo, as relações entre o centro político e as soberanias estaduais etc. na arquitetura do regime presidencialista. Todas as novidades foram praticamente incorporadas pela Europa durante o século XIX, exceto o modelo presidencial. A fama do exemplo valida a métrica de que a análise de um tipo de organização ou de fenômeno político não padece de atrofia congênita pela modéstia do número de exemplares.

A observação sobre os *Federalist Papers* seria ociosa se alguns nichos acadêmicos não admirassem com exclusividade a acumulação de obesos bancos de dados, sem tolerância para investigações em que a comparação representa aspecto marginal ou implícito. Com o risco de transmitir imodéstia, quando oposta é a motivação, anoto, enfim, que a glória de *A democracia na América* não decorre da abundância de confrontações, mas da acuidade de Alexis de Tocqueville na percepção da singularidade circunstancial da experiência norte-americana. Com as referências a dois clássicos indiscutíveis, reivindico que equívocos da presente análise devem ser debitados mais à imperícia do analista que a fatalidades metodológicas.

A razão da fratura epistemológica entre as análises das costumeiras técnicas de interrupção da democracia e a novidade dos golpes parlamentares consiste em que as condições necessárias ao sucesso da nova empreitada se dissolvem em sua execução. Essa particularidade é crucial e desconhecida da bibliografia interessada na explicação idiossincrática do golpe parlamentar no Brasil em 2016. A vitória de novo tipo de golpe altera substancialmente as contingências sociais e políticas que o geraram, bem como dispersa parte da coalizão que viabilizou a destituição do governo anterior. Ao contrário de golpes militares – que, se bem-sucedidos, buscam desde logo consolidar as condições que os protegeram, desalojando os oficiais opositores de posições de poder e introduzindo pela força física, se necessária, as modificações propícias à estabilização –, os golpes parlamentares em democracias representativas dispensam a liderança e a violência institucional escandalosa, armada ou jurídica. Há, pelo oposto, cautela aparentando virtude na administração das instituições, em contraste também com os conhecidos golpes civis, que requerem transmutações legais *ad hoc*, emprestando verniz de legitimidade à ocupação fraudulenta do poder. A cerimônia do golpismo parlamentar contemporâneo mantém quase intocados os ritos costumeiros, mas obedece a roteiro especial na proposição de leis e na utilização de rotinas conhecidas para extensa subversão política, econômica e social da ordem destituída.

Em pouco mais de 24 horas de incredulidade da opinião pública desapareceram, no Brasil, a temperatura e a pressão políticas anteriores ao golpe, embora com a dramática e generalizada consciência de que a bem-sucedida engenharia do assalto não garantiu a estabilidade do governo dele derivado. Lacônica declaração jurídica de que havia um novo governo, com a indefectível justificativa de sua existência e enumeração de propósitos, provocou, no Brasil, imediata reação de desconforto em certos partícipes da ilegalidade cometida, mantida a reação, entretanto, acobertada nos corredores do Legislativo.

A coalizão golpista, raramente homogênea, abriga interesses conflitantes e ambiciosos de recompensas. Fora da unanimidade contra o governo golpeado emerge a disputa pelo controle do governo instalado, até que se restabeleça o precário cotidiano anterior, com mudança dos personagens principais. Ainda com bastante prudência, igual desconforto foi consignado em relatórios sobre os eventos em Honduras e no Paraguai. A rigor, nada há de extraordinário em tais descontentamentos, consequência normal de episódios tendentes a provocar divisões, para além da original, entre a antiga oposição, agora os usurpadores, e o antigo governo, a nova oposição. A esta é que se agregam, discretamente, aliados da intentona vitoriosa. Nem os golpes militares, pretendendo inabalável disciplina, estão a salvo dessas sequelas. Em variantes militares, o reconhecimento das rachaduras internas alcança o público na ocasião em que elas são decididas, de um modo ou de outro. No longo período da ditadura militar brasileira, a população tomou conhecimento sempre *a posteriori* das elétricas tratativas que redundaram no AI-5 de 13 de dezembro de 1968 e do clima tenso que preparou a demissão do então ministro do Exército, general Silvio Frota, em 12 de outubro de 1977, suposto conspirador contra a abertura política gradual encaminhada pelo presidente Ernesto Geisel.

Golpes parlamentares sofrem de inerente instabilidade, que não desaparece com a substituição dos golpeados – dieta pacificadora dos golpes tradicionais, em geral, tendendo antes a crescer, se mantidas as condições básicas de funcionamento democrático. O acordo prévio sobre quem deve deixar o governo não antecipa quem deve herdá-lo, e ainda menos como exercê-lo. A letra escrita da lei, que continua em vigência, não guarda eficácia operacional indisputada, de que o golpe bem-sucedido, aliás, é contundente evidência. Disputa-se precisamente qual o sentido da legalidade e que alterações são indispensáveis à restauração de sua capacidade preditiva e à recuperação do contentamento dos expectantes apoiadores do novo governo.

O golpe parlamentar se aproxima do paradigma-limite da aceleração dos eventos uns sobre os outros. Nessa vertigem são consumidas as condições antecedentes à aventura, esgotando-as, e esvaziadas as bandeiras mobilizadoras, à espera das primeiras iniciativas dos usurpadores. O momento posterior, porém, tende a mostrar uma distribuição de relevância entre os atores distinta da que tornou a usurpação possível. Impõe-se aos usurpadores traduzir o acordo oportunista prévio entre os agentes estratégicos em adesão convicta da maioria sociológica da população. Para efetuar um golpe de Estado, como ensinava ironicamente Che Guevara, a propósito de revoluções, primeiramente toma-se o poder. Mas, em seguida, implícita a premissa menor, necessária se faz a conquista da sociedade. Mas esta não se submete a tomadas de assalto. Pode amedrontar-se, mas não adere.

A vitória de um golpe parlamentar não se completa com a precipitada ocupação do poder, que, nessa etapa, costuma receber apoio da maioria organizada da antiga oposição ativa. De imediato, a pauta necessariamente heterogênea e de variável incongruência das tarefas de governo contém já o esboço das divergências oriundas da quase unanimidade anterior. O poder usurpado está obrigado a escolher seus novos adversários entre os ruidosos aliados do passado imediato.

Personagens cruciais a serem de algum modo esterilizados pela nova estabilidade institucional estiveram, claro, excluídos da coalizão executora do golpe: os inúmeros adeptos do governo golpeado, insuficientes que foram para evitar o assalto ao poder. Há um capítulo reservado à pesquisa sobre as causas da impotência dos governistas destituídos e as ameaças à solidariedade no infortúnio posterior, interrogações sussurradas em discretas acusações mútuas de responsabilidade pelo desastre. Mas o inevitável relevante consiste em que a deposição do governo os recria como atores oposicionistas.

Oposição natural, mais sólida como bloco político do que quando no governo e, em princípio, radicalmente insubmissa aos assaltantes. Os novos governantes saem do conforto de usufruir dos aplausos dos descontentes, que os há em grande número durante crises de grande porte, para ocupar a plataforma de alvos preferenciais, em razão da mesma e continuada crise. Em breve os iludidos apoiadores de antes se inteiram do exagero da tese de que a responsabilidade pela má catadura do mundo exprimia exclusivamente a incompetência dos governantes decaídos. Nem os decaídos desaparecem em combustão espontânea, desprovidos de orelhas, visão e fala. Ao fim e ao cabo, ainda que em movimentos conservadores, um golpe não significa limitadamente a substituição do governo anterior pela oposição conhecida. Agora, nem o governo nem a oposição têm a cara da semana passada.

Joguetes, mais do que artífices, aqueles que os acusavam de todos os crimes e de projetar outros tantos ilícitos estão compelidos, agora como governantes, a converter os recém-inaugurados oposicionistas à condição de cidadãos ordeiros, dóceis à aceitação minimamente pacífica do novo *status quo*. A equação é clássica: sem aceitação dos perdedores não há vitória incontestada. Mas se os golpistas, por definição, não se submeteram à ordem então legítima, porque haveriam os depostos de exibir bom comportamento diante da violência a que foram submetidos? Uma oposição pouco flexível e uma base de apoio parlamentar hesitante, além da dubiedade da lisura jurídica da ocupação do poder, mantêm os novos inquilinos, pelo menos os mais lúcidos entre eles, atentos à vital importância governativa de conquistar a maioria sociológica da população. Minimamente, passividade da maioria, pela indiferença ou pelo temor da coação, essa possibilidade é mencionada desde logo pelos usurpadores.

Resposta clássica à insubmissão permanente apela para crescente dose de coação. Uma ordem política majoritariamente assentada na repressão, contudo, afasta-a dos ritos democráticos sem obter, em compensação, patamar aceitável de estabilidade. Fenômeno com aspectos indiscutivelmente novos, o assalto ao poder inaugura antecedentes e modos de operação, suscitando interrogações sobre o futuro para as quais a experiência política de crises passadas não proporciona esclarecimentos.

A análise dispõe, por conseguinte, de pauta abrangente, a seguir enumerada: em traços rudes, esboçar a evolução da democracia representativa; sucinta mas – espera-se – convincente demonstração das diferenças cruciais entre o golpe de 1964 e o de 2016, afora o caráter militar do primeiro, e civil do segundo; por fim, a descrição da natureza e dos antecedentes necessários ao sucesso momentâneo de golpes parlamentares. Episódio que exaure as condições que lhe dão nascimento, o desdobramento imediato de sua emergência não é previsível com sustentação na natureza dessas condições antecedentes. Comprometida com a tese de que os golpes contemporâneos pertencem a futuros possíveis do desenrolar democrático, a excursão por aspectos cruciais da história e do presente da democracia são ingredientes cruciais no entendimento das erupções golpistas. Presume-se que a tese de que não há golpe de Estado sem democracia representativa não exprima trivial tautologia. Por isso, entre outros compromissos de resultados, a análise presente assume os riscos de uma investigação de espírito expedicionário.

O tempo histórico da humanidade não procede com a uniformidade do tempo newtoniano. Antes, parece cada vez mais comprimido, compondo trajetória de talhe exponencial, em que a sucessão dos anos obedeceria à regra da multiplicação, não à da soma. Dos milênios cumpridos por civilizações desaparecidas, na África, no Oriente e até na América, à extraordinária caminhada milenar do Império Romano; de sua decadência aos inúmeros séculos da tradição medieval; aos menos de cinco séculos decorridos entre as sociedades comerciais e a irrupção da Revolução Industrial capitalista; e desta ao pouco mais de século e meio transcorrido até o ingresso no mundo digital (cujos desdobramentos são vertiginosos), registra-se um calendário de aceleração crescente, em que os eventos reduzem a distância entre os de agora e os anteriores, chegando à impressão contemporânea de que se atropelam mais do que se seguem a uma distância cautelar. Aos personagens da trama torna-se exíguo o tempo necessário à absorção do significado dos acontecimentos presentes, indispensável à formulação de planos de futuro imediato.

Resta pouca dúvida de que, entre os quatro anos transcorridos de 2010 a 2014, a velocidade do fluxo do tempo tornou-os mais próximos do que, à sua época, ficaram vizinhos os anos sucessivos de 1213 e 1214. As datas mencionadas são aleatórias, sem referência a acontecimentos especiais, ou melhor, se os houve, a escolha não se fez em decorrência deles. A substância da menção simula um processo acelerado entre consequências às vezes das mesmas causas, em razão da enorme multiplicação dos estágios intermediários entre umas e outras. A multiplicação dos elos intermediários reduz de forma paradoxal o tempo de conexão entre o início e o fim da cadeia. Concretamente, a notícia da derrota dos atenienses nas Termópilas, figuradamente a dois passos de Atenas, consumiu muito mais tempo a ser difundida na cidade do que a declaração de guerra da Inglaterra à Alemanha, no século XX, para chegar ao Palácio do Catete, então sede do governo federal, deste outro lado do Atlântico.

Não se trata apenas de redução do tempo de comunicação. Uma greve em uma fábrica de tecidos em 1920, na periferia da cidade de São Paulo, produzia consequências limitadas ao entorno das famílias operárias. Hoje, afeta a cadeia de negócios a ela vinculados em extensão incomparável à modéstia dos anos 1920. A série de efeitos mediatos de acontecimentos sociais é bem mais densa em sociedades cada vez mais complexas. A vigência de costumes e visões de mundo tende à paralela volatilidade, com impacto sobre a vida subjetiva das emoções. Só recorrendo à memória, sem pesquisa sistemática, observando os ternos ainda novos, mas já dessuetos, de meu armário, consigo intuir a mudança de moda entre 1970 e 1950, com os hippies, bigodes e cabelões, mais a queima dos sutiãs femininos, e distingui-la dos desfiles *fashion*, inclusive masculinos, a partir dos anos 1980. O fogo-fátuo das hierarquias peso leve tornou--se cada vez mais fátuo desde então. Costumo observar a amigos a redução do obsequioso minuto de silêncio em respeito a recentes mortos ilustres, no início da partida entre times de futebol, a não mais que 30 segundos. Aproveitado por jogadores e público para concentração antes da disputa, converteu-se em sufocante presença de um tempo parado no ar, espremido entre futuros em competição. Consequência intranquilizadora da metamorfose do tempo, mingua a oportunidade de ponderada reflexão na origem do comportamento, substituída por reações de automático imediatismo emocional. Claro, são raros os agentes sociais que ignoram completamente, em cada circunstância, quais são seus interesses, não importa a exiguidade do tempo concedido para a reação. Mas se tornam ainda mais raros os que distinguem com clareza, submetidos a severa pressão temporal, qual a melhor estratégia para contemplá-los. A disjunção entre fins e meios favorece a irracionalidade das decisões, e, se não aderimos ao preconceito de que só alguns segmentos sociais estão sujeitos à alienação, segue-se que o potencial de escolhas irracionais no mundo contemporâneo adquiriu considerável enriquecimento. A versão de um mundo social meio absurdo faz sentido como etapa impressionista do entendimento. Não adianto uma insinuação catastrófica, mas o reconhecimento de algo característico da atualidade, que, em reação, gera mecanismos de defesa pessoais e sociais contra a ameaça de dissolução completa de uma semântica comunitária.

Quando o mundo andava com mais vagar, durante o período medieval, por exemplo, ou no compasso mais ligeiro das grandes descobertas marítimas e da mundialização do comércio, com o Renascimento, por certo a humanidade lia os acontecimentos com a ajuda de dicionários extravagantes. Indícios de intervenções divinas eram ingredientes siameses das conversas sobre negócios ou a saúde entre pessoas comuns (sem mencionar os filósofos espiritualistas), intervenções, de resto, explicitamente admitidas. Assim foi desde sempre, e desse conjunto não estão excluídas as sociedades pré--literatas, de exacerbado cultivo do princípio de razão suficiente, às quais repugna a noção de acaso. A informação obtida por tais meios nem sempre confortava as pessoas, mas era completa, incluindo o transcendente, e o universo fazia sentido.

A novidade moderna, agora em estágio de delirante perseguição ao definitivo e exaustivo sentido do mundo, veio com o acasalamento de dois extremos: a psicanálise, com a redução da objetividade à ebulição de sentimentos de origem arcaica, e a economia, com a extinção da subjetividade, esmagada pelo materialismo vulgar das irresistíveis leis do mercado. Dilaceradas, as pessoas transitam a velocidade suicida da radical subjetividade à objetividade tirânica. Economistas e analistas contestarão o simplismo da descrição, mas nenhum requinte eliminará a conexão entre essas ideologias de ambição científica e o seccionamento de meios e fins nas decisões individuais.

A contradição subliminar entre a impressão de um mundo absurdo, de um lado, e, de outro, os supostos de radical associação entre decisões e conhecimento positivo, pela via das determinações psicanalíticas ou econômicas, se esvai quando se aceita que as alegadas linhas de determinação não se ajustam nem exata nem muito aproximadamente ao que transcorre na vida real. Daí a ansiedade de quem se espanta com desenlaces inteiramente imprevistos em intercursos obedientes às presumidas leis do mercado ou aos cuidados contra as neuroses. Dietas intelectuais e assíduas sessões clínicas enfatizam o estranhamento do mundo, decorrentes que são da interpretação canhestra sobre a rapidez com que o mundo se transforma. A compressão do tempo social, violando o tempo natural da biologia humana e da física newtoniana, subtrai eficácia às mezinhas do passado recente.

Caberia aqui um exercício de desvelamento dos estágios históricos pregressos em sua capacidade causal, mas ainda presentes como obstáculos ao entendimento. A descoberta das Américas do Norte e do Sul ocorreu em período no qual o mundo celeste era mais ou menos aristotélico. Banhos após refeições eram proibidos em minha infância. Exemplos miúdos de farrapos do conhecimento ou extravagâncias gestuais que os antropólogos classificam, *a posteriori*, como sobrevivências. A insinuação de que os tratados científicos que decoramos serão, em muitos de seus capítulos, considerados meras sobrevivências antropológicas incomoda mais o orgulho do que aconselha modéstia na presunção de sapiência. Não obstante, continuamos na lavoura arcaica do conhecimento.

Registre-se, entretanto, como hipótese provisória, que os estratos subterrâneos do entendimento são corrigidos de forma competente uns pelos outros, isto é, a ilusão de certeza de cada indivíduo é relativamente consertada por outra ilusão de certeza, a do interlocutor, e vice-versa, pois que ambos estarão mais próximos da realidade ao consignarem os equívocos de interpretação um do outro do que ao registrarem o que lhes parece, individualmente, a indubitável verdade. Essa interpelação epistemológica cruzada não resulta de evolução histórica, da passagem do comércio para a indústria ou da física quântica para a cosmologia dos buracos negros; trata-se da condição original da humanidade. Contudo, produzem-se extraordinárias consequências quando as demandas de correção intersubjetiva do conhecimento na condução da vida social se aplicam a limitado número de indivíduos, e quando as mesmas exigências devem ser impostas a números exponencialmente superiores aos primeiros.

Eis uma das cruciais distinções entre sociedades oligárquicas e sociedades democráticas. É antes de tudo absolutamente fundamental a liberdade de debate, argumentação e livre manifestação de ideias em sociedades de grandes números, na exata medida em que a teoria-prática que constitui diariamente a comunidade está dispersa por milhares de indivíduos. Em outras palavras, erros e acertos sobre o que vai pelo mundo distribuem-se de modo mais aleatório do que supõem os acadêmicos. Freios impostos pela necessidade de ação coletiva garantem, sempre precariamente, em calendário histórico, que a dosagem de compulsão no comportamento singular de cada cidadão seja tolerável. Ao contrário, em sociedades oligárquicas, ou nas quais o processo democrático tenha sido truncado, a taxa de coação, seja jurídica, policial ou militar, é comparativamente bem mais elevada. Compreender da forma adequada a diferença entre sociedades de oligarquias representativas e sociedades de democracia representativa contribui para a percepção da sutileza de formas incompatíveis de violação da competição democrática.

A democracia é a segunda versão das instituições representativas, tendo sido a oligarquia representativa a primeira a surgir. Datamos um pequeno excurso histórico partindo do início do século XIX. Pertence à sabedoria universal o registro de que a palavra "democracia" aparece, na tradição ocidental da Grécia clássica, alguns séculos antes da Era Cristã. Mas o fenômeno que nos é familiar, isto é, as instituições representativas, só começam a germinar a sério aí pelos séculos XVII e XVIII, adquirindo centralidade em sua versão oligárquica durante o século XIX. Convém adotar uma definição minimalista de "democracia representativa", tornando perceptível a dinâmica acelerada que fez dela a forma hegemônica de organização política no mundo contemporâneo.

Eis a definição minimalista adotada. Por democracia representativa entendo um regime que satisfaça completamente às duas condições seguintes:

1. a competição eleitoral pelos lugares de poder, a intervalos regulares, com regras explícitas, e cujos resultados sejam reconhecidos pelos competidores;
2. a participação da coletividade na competição se dê sob a regra do sufrágio universal, tendo por única barreira o requisito de idade limítrofe.[2]

A primeira condição separa drasticamente as democracias representativas de tentativas de democracias diretas que, em geral, terminam em ditaduras pessoais – vide a história dos países afri-

---

2. Cf. Santos, Wanderley Guilherme dos, "Poliarquia em 3D", *Dados*, v. 41, n. 2, p. 210, 1998.

canos no período imediatamente posterior à descolonização, em meados do século XX. A segunda introduz severo critério a distinguir oligarquias representativas de democracias representativas. Tem sido em razão do reconhecimento solitário da primeira condição, responsável pelo qualificativo de representativa, que se comete reiterado equívoco na historiografia política do mundo moderno, atribuindo-se às oligarquias representativas do século XIX e até a primeira metade do século XX a denominação de "democracias".[3] Ora, nem mesmo eleição direta havia na maioria das oligarquias representativas do século XIX. O voto direto só foi introduzido em cinco países antes de 1850, em outros oito países entre 1871 e 1901, e em mais cinco entre 1901 e 1931.[4] Em virtude das barreiras à participação, que dizem respeito ao segundo requisito *democrático* – gênero, renda, idade, religião, educação e estado civil eram as mais importantes –, os eleitorados desses países não correspondiam a mais de 10%, no máximo 20%, da população ainda no fim do século XIX. A diferença nos tamanhos das coletividades com direito à participação pode ser avaliada por alguns exemplos dos eleitorados antes e depois da eliminação das barreiras, atendendo, portanto, à exigência de participação universal, diferença não explicada por mero crescimento populacional.

A Bélgica dispunha de cerca de 3 milhões e 400 mil eleitores em 1919, e de 7 milhões e 200 mil em 1995; a França, em 1945, não ultrapassava os 19 milhões de eleitores (antes do voto feminino), e

---

3. Apenas um exemplo, em excepcional investigação coordenada por Cotta, Maurizio e Best, Heinrich, *Democratic Representation in Europe: Diversity, Change, and Convergence*, Oxford, Oxford University Press, 2007, p. 1: "Este ponto no tempo [2004] nos oferece uma desafiadora perspectiva de aproximadamente 150 anos de história europeia, transcorridos desde o ano revolucionário de 1848 até o presente. Esse período histórico pode ser visto como o de construção, difusão e consolidação da democracia representativa a toda a Europa" [tradução do autor].
4. Cf. a monumental obra de Caramani, Daniele *The Societies of Europe: Elections in Western Europe since 1815*, Reino Unido, MacMillan Reference, 2000, p. 65.

contava com 38 milhões em 1993; os 34 milhões de eleitores alemães de 1919 transformaram-se nos 61 milhões de 1998 – saltos, na realidade, até modestos diante do pulo holandês de 1 milhão e 300 mil eleitores em 1918 para 12 milhões em 1998. Daniele Caramani provê todas as estatísticas para a Europa ocidental no volume citado. O realce deve-se às quedas das barreiras à participação, incorporando sucessivas camadas da população ao universo cívico da política.

Quando se completa o atendimento ao segundo critério, a saber, existindo somente a exigência de idade mínima para a participação, então ingressa o país no conjunto de nações dotadas de democracia representativa.[5]

Foi sólida a resistência conservadora-oligárquica ao abandono de regras que interditavam a extensão da participação e, consequentemente, tornariam mais acirrada a competição pelo poder político. É essa difícil evolução das instituições representativas até a substituição da versão oligárquica pela democrática que revela o traço peculiar da velocidade crescente dos eventos. Em todos os países, a última etapa na extensão dos direitos de participação se concentra no voto feminino. Na ampla recessão que fiz, coletando informações em vários manuais de história eleitoral, somente Chile, Brasil e Peru mantiveram a exclusão dos analfabetos da vida eleitoral depois da queda de todas as demais barreiras: renda, idade, estado civil, gênero. Paulatinamente são superados os interditos, começando, em todos, pela redução e afinal pela extinção do requisito de renda. Tomando simbolicamente o Primeiro Grande Ato da Reforma na Inglaterra, em 1832 – reduzindo a renda mínima disponível para exercer o direito de voto –, como início de todo o processo, em seguida há o Segundo

---

5. Tomar o eleitorado como proporção da população não é o mais importante, embora, pela própria definição, a queda de barreiras à participação eleitoral permita o crescimento do eleitorado relativamente à proporção do estágio anterior. De todo modo, são os números brutos que se revelarão importantes nas pressões posteriores sobre as instituições democráticas.

Grande Ato, em 1863, e, sucessivamente, o abandono também da exigência de estado civil e a diminuição da idade-limite, até a universalização do voto masculino em 1919, com o fim de todas as barreiras, depois da I Guerra Mundial. Mas as mulheres inglesas só votarão pela primeira vez a partir de 1924.

Ao lado da renda, a idade também contribuiu bastante para manter vagarosa a marcha em direção à universalização do direito de participar. Nos 18 países exaustivamente estudados por Caramani, o requisito de idade, na data de universalização do voto masculino, representava um sólido obstáculo: sete países exigiam a idade mínima de 25 anos; três países, 24 anos; quatro países, 21 anos; um país, 20 anos; outro, a Dinamarca, o quase extraordinário recorde de 29 anos; e finalmente a Itália, exigindo a marca de 30 anos para os italianos – nem pensar nas italianas – que desejassem escolher seus representantes. Mas é o voto feminino que de fato fixa o último bastião da oligarquia representativa contra a universalização da concorrência pelos postos da representação popular.

Há razoável número de estudos sobre a evolução dos direitos de voto, com suas idas e vindas, desde o século XIX europeu e latino-americano, sendo que muitos países mereceram especial e continuada investigação. Em geral, a compreensão na evolução das leis não é acompanhada por resultados eleitorais; almanaques de agregados eleitorais ora não informam a distribuição de votos por partidos, ora não informam a composição dos governos. Recolhi em várias dessas fontes bibliográficas, às quais acrescentei pesquisas complementares minhas, um conjunto de informações publicadas em *Votos e partidos: almanaque de dados eleitorais – Brasil e outros países*. Em tabela com o título de "Ordem cronológica do sufrágio universal",[6] listei 119 países segundo o ano em que o direito de voto foi estendido às mulheres. Excluindo a Nova Zelândia, com voto universal estabelecido em 1893 – o primeiro em todo o

---

6. Rio de Janeiro, Editora da FGV, 2002, p. 314-316.

mundo –, e a Austrália, em 1902 – o segundo em todo o mundo –, contabilizei a universalização do direito de voto pela Europa (com exceção da União Soviética-Rússia), o Canadá e os Estados Unidos, na América do Norte, num total de 23 países, obtendo a seguinte distribuição: apenas dois países (Finlândia e Noruega) alcançaram a universalização do voto antes da I Guerra Mundial; quatro países (Dinamarca, Islândia, Áustria e Luxemburgo) durante a I Guerra; sete países entre 1919 e 1944 (Alemanha, Países Baixos, Estados Unidos, Suécia, Canadá, Irlanda e Reino Unido); finalmente, 10 países europeus institucionalizaram de modo duradouro o voto universal a partir de 1945: Bulgária, Hungria, Itália e França (1945), Romênia, Polônia, Bélgica (1948), Portugal (1970), Suíça (1971) e Espanha (1977). Em sucessão: dois, quatro, sete e 10 países, entre 23, adotaram finalmente o voto feminino, universalizando o direito de participação na escolha de representantes. Em nove países da América do Sul, somente dois, Brasil e Uruguai, ambos em 1932, suspenderam as restrições à participação feminina, bem antes, aliás, do *boom* europeu após a II Guerra Mundial.

Entre parênteses, é necessária certa contenção no entendimento da cronologia democrática da América do Sul. Tal como em relação a alguns países europeus, a adoção legal do direito não prenuncia necessariamente que ele foi desfrutado por todo o período desde então transcorrido. O Brasil enfrentou duas ditaduras (1937-1945 e 1964-1985); durante a primeira, sem eleições, ninguém, homens ou mulheres, votou; e na segunda, homens e mulheres tiverem seu direito de escolha restringido pela legislação autoritária que impedia a livre formação de partidos, além dos dois consentidos. Ademais, condicionavam a apresentação, sob a censura e às vezes cassação, dos nomes que os partidos permitidos ofereciam à escolha popular. Problemas semelhantes limitaram o exercício do direito em todos os demais países do continente sul--americano. Do mesmo modo, na Europa – Bulgária, Romênia, Hungria e Polônia –, nem homens nem mulheres exerceram a liberdade de participação política durante o período de inclusão no conjunto de países de socialismo soviético.

Outros seis países sul-americanos se somaram ao *boom* após a II Guerra Mundial: Argentina e Chile asseguraram o voto feminino ao longo dos anos 1940, Bolívia, Colômbia e Peru durante os anos 1950, e o Paraguai, finalmente, em 1967. O Equador configura um caso singular, pois às mulheres foi facultado o voto desde 1929, tornando-o obrigatório em 1967. Finalmente, em 10 países centro--americanos, afora a República Dominicana, que adotou o voto feminino em 1942, a universalização da participação eleitoral ocorre ao longo dos anos 1940, 1950 e 1960, depois da II Guerra Mundial. A mesma reserva em relação à efetividade intermitente desse direito deve ser observada na região. Essencial é a consideração de que, quando em vigência, o regime desses países já correspondia à definição minimalista de democracia representativa, embora com variações na materialidade de diversos de seus outros predicados – eleições limpas, liberdade de imprensa, oposições garantidas etc.

Bem ao contrário de pertencer à história política das comunidades humanas desde antanho, a democracia representativa constitui um *modus vivendi* de instalação recente. Recentíssima, até, se examinamos o padrão de sua difusão mundial. Não incluía mais que quatro países no mundo todo – Nova Zelândia, Austrália, Finlândia e Noruega – antes da I Guerra Mundial. Obterá um primeiro turno de quatro modestas conquistas durante a I Guerra Mundial e, aí então, sim, um importante salto entre 1919 e 1945, incorporando temporariamente 10 países depois de 1945, e chegando à completa hegemonia mundial depois da queda do Muro de Berlim, em 1989, acompanhada pela substituição de todos os regimes de socialismo soviético europeu. É entre o fim da II Guerra Mundial e o mundo contemporâneo, também, que os países latinos e centro-americanos se incorporam ao conjunto da novidade histórica.

Durante esse período relativamente breve de hegemonia é que cabe estudar as condições de estabilidade evolucionária, ou seja, com mudanças recomendadas pela prática do modelo, assim como os episódios de turbulência e as interrupções ilegais. Às conhecidas intervenções militares na vida política e às substituições inconstitucionais de governo, acredito ser plausível acrescentar o que a linguagem comum designa por "golpe parlamentar", essencialmente distinto de outras violências institucionais, também classificadas pela linguagem natural como golpes parlamentares. O denominador comum encontra-se na peculiaridade de que seus comandantes e aproveitadores não são militares, mas civis. Entretanto, os golpes civis catalogados pela história admitem executores estranhos aos parlamentos, ou seja, figuras que, participando embora das conspirações, não detêm mandatos eletivos, não pertencem ao Parlamento na ocasião do assalto ao poder, nem, eventualmente, em momento algum anterior. Por "golpe parlamentar", aqui, indica-se uma substituição fraudulenta de governantes orquestrada e executada por lideranças parlamentares.

A circunspecção da nomenclatura explica-se pela característica essencialmente parlamentar do dispositivo democrático violado. Trata-se do princípio das garantias mútuas, suposto ínsito à condição de que a estabilidade democrática exige a aceitação de derrota por parte dos perdedores. A confiança de que o princípio será incondicionalmente obedecido autoriza aos vencedores escolherem companheiros de governo entre os quadros e indicações de seu partido e dos partidos aliados na vitória, sem necessidade de aprovação prévia dos partidos derrotados. Em golpes parlamentares, é a reação parlamentar dos derrotados que violenta o princípio das garantias mútuas e se dispõe a destituir o grupo político vencedor com apelos controversos à legislação constitucional. Dissonantes em relação a tentativas civis pregressas de interdição de governos legítimos pela convocatória de bandeiras esdrúxulas (em geral, a ameaça de comunismo), os golpes parlamentares contemporâneos se valem de argumentos denunciando o governo em exercício por violação comprovável das regras normais de administração. É com a acusação de que os vencedores eleitorais violentaram as regras do exercício do poder que os conspiradores justificam a quebra das regras da competição. Embora sutil, a distinção aponta para uma constelação inédita da mecânica e dos antecedentes dos atuais golpes parlamentares.

Naturalmente há inúmeras personalidades fora do Congresso interessadas e ativamente envolvidas nas conversações e nos acordos que antecedem a deflagração do golpe, e que patrocinam propaganda positiva e apoio irrestrito ao governo usurpador. Mas todo o processo ocorre dentro do Congresso, conduzido por políticos com mandatos de representação, obedecendo formalmente à letra das leis vigentes no país. O golpe, em sentido de truque esperto, consiste precisamente em valer-se dos mecanismos de operação normal das instituições em favor de objetivos ilegítimos. A reação imediata da população, em particular da parte contrária ao golpe, revela perplexidade diante da mágica de fazer com que procedimentos rotineiros da democracia representativa produzam um resultado, a destituição do governo legitimamente eleito, sem dúvida alguma transgressor das regras constitucionalmente consagradas. Quais são as características genéricas do "golpe parlamentar"? Quais os protocolos de execução e as condições que favorecem o êxito da manobra? Quais são as continuidades e diferenças entre o momento antecedente e o desdobramento posterior do golpe parlamentar?

Desde logo, o fenômeno independe da natureza do regime, sem embargo da pressa ou das razões doutrinárias com que se atribui o fascínio golpista às vicissitudes comumente associadas ao regime presidencialista. O mecanismo de substituição de ministros atende perfeitamente, e em prazo hábil, às mudanças de hábitos ou de preferências da população expressas em pesquisas de opinião. A capacidade do sistema presidencialista de alterar os rumos no curso de um mesmo mandato, aliás, destaca-o em relação ao parlamentarismo, no qual mudanças ministeriais assinalam a próxima queda de gabinete, o que, por seu turno, leva a mudanças completas na orientação do governo. Golpes parlamentares indicam uma modalidade de ruptura de governo, sem explícitas alterações legais, a que estão expostos todos os governos regularmente eleitos, parlamentaristas ou presidencialistas.

CAPÍTULO 2

1964 e 2016: dois golpes, dois roteiros

Jovens adultos e adolescentes brasileiros indagam se o golpe parlamentar de 2016 repete a tragédia de 1964 e se há risco de afastamento da democracia representativa por outros 20 anos. Bem, desde logo se observa a ausência agora de militares no poder e nas ruas, diferença bastante positiva. Negativamente, claro, para os que duvidavam de boa-fé, a coincidência de que os golpes de 1964 e de 2016 constituem também clara reação dos conservadores à participação popular na vida pública e rejeição ativa de políticas de acentuado conteúdo social. Talvez mais assustador para os progressistas, no contexto imediato, tenha sido o relativo sucesso do recrutamento ideológico e de mobilização de inesperados segmentos da população contra a pauta de um governo que buscava reduzir desigualdades. É sensato supor que, com o tempo, os setores iludidos se somem à oposição automaticamente constituída depois do golpe.

A denúncia de corrupção sistêmica, outra coincidência propagandística associada a um e outro golpe, acompanha na verdade a política conservadora brasileira desde o retorno de Getúlio Vargas ao governo, em 1951, em vitória de eleições tão limpas quanto conseguiam sê-las nos anos 1950. Combate retórico à parte, e reagindo à criação do Banco Nacional de Desenvolvimento Econômico, da Petrobras, à política de salário mínimo (em 1953 o ministro do Trabalho de Vargas, João Goulart, aumentou em 100% o salário mínimo), ademais de estudos de leis a fim de controlar a remessa de lucros de empresas estrangeiras para o exterior, a oposição desencadeou violentíssima campanha midiática e parlamentar contra alegada imoralidade pública do governo Vargas. Não faltaram acusações envolvendo familiares do presidente, fosse denunciando-os como beneficiários de negociatas, fosse como padrinhos de empreguismo no funcionalismo do Estado. Em meio à ferocidade da campanha, um alucinado atentado à vida de Carlos Lacerda, líder da oposição, proporcionou pretexto emocional para o estabelecimento de uma Comissão Militar de Inquérito, pois um oficial da Aeronáutica que o acompanhava, o major Rubem Vaz, fora atingido por uma bala e morrera. Conduzido por oficiais superiores da Força Aérea, politicamente contrários ao Partido Trabalhista Brasileiro (PTB), o inquérito evoluiu à deriva do sistema judiciário civil, subordinado ao que ficou registrado como "República do Galeão", sede do Comando da Força no Distrito Federal. Os trabalhos da Comissão de Inquérito produziram notícias diárias, induzindo a opinião pública à convicção de que a ordem para o atentado teria partido do Palácio do Catete, então escritório e residência dos presidentes da República.

Enriquecendo o escândalo do assassinato de um major da Força Aérea em lugar do alvo visado, a "República do Galeão" contribuiu infatigavelmente para o que se convencionou denominar "mar de lama" do governo Vargas, misto de compadrio político, uso privado de recursos públicos e apadrinhamentos partidários. Modeladas com maestria pela imprensa oposicionista, com destaque para a *Tribuna da Imprensa* e *O Globo*, no Rio de Janeiro, as denúncias de ilicitudes de variada natureza, de roubalheiras a planejamento de assassinato, provocaram séria crise parlamentar e de governabilidade, cujo desenlace foi o suicídio de Getúlio, em agosto de 1954. Pouco depois a "República do Galeão" encerrou as investigações identificando em Gregório Fortunato, veterano guarda-costas de Getúlio Vargas, o articulador do atentado ocorrido à rua Toneleiro (local da morte do major Vaz), sem haver comprovado a interferência do presidente ou de membro de sua família no episódio. Do famoso "mar de lama", igualmente, nunca se obteve apresentação de provas ou notícia do andamento das investigações depois do suicídio presidencial. Perdeu-se no anonimato das coleções de jornais a galeria dos zelosos oficiais aviadores, jornalistas e colunistas temporariamente célebres pelas artes da calúnia.

O tema da corrupção voltaria à cena em outra derrota eleitoral dos conservadores, na eleição de Juscelino Kubitschek, em 1955. Na oportunidade, todavia, não conseguiu empolgar a opinião civil ou militar, ofuscada pela denúncia simultânea de ameaça comunista, campanha outra vez liderada por Carlos Lacerda. O argumento do crônico conspirador recorria à estranha lógica de que, tendo sido o candidato Juscelino beneficiado pelo voto dos comunistas, e estando o Partido Comunista (PC) na clandestinidade, ilegal teria de ser, portanto, a vitória de Kubitschek. Só a apaixonados ou interesseiros golpistas ocorreria o "portanto" da frase anterior, diante da impossibilidade de identificar a inclinação ideológica de eleitores anônimos. Ainda que fosse possível demonstrar tal hipótese, a legislação coercitiva a comunistas proibia-os de organizar partidos políticos ou associações de qualquer natureza, se compartilhassem a mesma finalidade. Nunca houve perda dos direitos de eleitor por crime de opinião, embora a legislação exigisse, desde 1946, a apresentação de atestado de ideologia para a ocupação de emprego público. Mas a discriminação só foi efetiva durante o mandato de Eurico Gaspar Dutra, um general, de 1946 a 1950. Nem por ser logicamente manca, porém, a hipótese foi abandonada pelos mesmos adeptos da tese do "mar de lama" do ano anterior.

Alternativamente, especioso argumento jurídico, acolhido por constitucionalistas de alta respeitabilidade, evocava a condição de vitória qualitativamente plural, e não majoritária, como razão bastante para invalidar a eleição de Juscelino.[7] Embora a exigência

---

7. Vitória plural se dá quando o número de votos do candidato em primeiro lugar é inferior à soma dos votos dos demais candidatos; em vitória majoritária o vencedor obtém 50% mais um dos votos válidos.

de vitória majoritária circulasse em propostas de reforma eleitoral, bem como a de substituição do presidencialismo pelo parlamentarismo, elas nunca foram aprovadas pelo Congresso. Pela legislação prevalecente, em consequência, não se justificava o argumento jurídico requerendo que, para a legitimidade da vitória, o candidato conquistasse pelo menos 50% mais um dos votos válidos. Oportunistas na origem e materialmente infundadas, as alegações buscavam a anulação do pleito, por aí maculando o Estado de direito que pretendiam assegurar.

Mais uma vez contando com a proteção do Judiciário e a cumplicidade do Congresso, preparava-se o impedimento da posse de JK, como era popularmente conhecido o presidente, golpe finalmente frustrado graças à intervenção do general Henrique Teixeira Lott, em novembro de 1955.

A intervenção obrigava a Câmara dos Deputados a declarar o vice-presidente Café Filho impedido, por razões de saúde, de assumir o governo, substituindo o suicida Getúlio Vargas desde agosto de 1954. Café Filho encontrava-se com efeito hospitalizado, mas compartilhava da conspiração para impugnar a vitória de Juscelino. Com esse impedimento, Nereu Ramos, presidente da Câmara dos Deputados, assumiu interinamente a Presidência da República, conforme a Constituição, até a posse de Juscelino, em 1956. A adesão da tropa do Exército à intervenção de Lott, somada à neutralidade da maioria do empresariado, garantiu a obediência e o cumprimento dos resultados eleitorais. Mas a denúncia de escândalos nunca provados esteve no cerne da propaganda oposicionista conservadora contra o governo JK, celebrada como recompensa histórica obtida na subsequente eleição de Jânio Quadros, candidato da direita, em 1960, justamente contra os "vermelhos" que apoiaram o mesmo general Henrique Lott. Em editoriais e discursos, a vitória janista foi entronizada como decisivo triunfo contra a corrupção, só para que, em outro fatídico 24 de agosto, agora de 1961, o esquisito Jânio Quadros renunciasse ao poder.[8] Na sequência da renúncia de Jânio, a estupefata e indignada classe média reorientou a amargura e a raiva contra o vice-presidente João Goulart, que cumpria viagem oficial à China. A frustração do eleitorado janista expressou-se pelo veto dos três ministros militares – Exército, Aeronáutica e Marinha – à posse do vice-presidente, com o apoio do governador do estado do Rio de Janeiro, o conspirador em tempo integral Carlos Lacerda. A posse finalmente ocorre, mas consagrando de modo precário o acordo que introduzia o parlamentarismo, depois de vigoroso movimento político de resistência à tentativa de golpe. Típico resultado de golpe clássico, revertido em janeiro de 1963, com plebiscito ordenando o retorno ao regime presidencialista.

Em março-abril de 1964, a denúncia de extenso comprometimento do Estado com práticas de corrupção cumpriu eficiente papel coadjuvante da paranoia anticomunista que derrubou João Goulart, tópico a que se retornará posteriormente. Registro, contudo, que a apressada associação da República do Galeão ou da Comissão Parlamentar de Inquérito de 1954 com a investigação da Lava Jato, começada em 2014, se arrisca a trivializar o processo político em curso. O ambiente promíscuo da atualidade, em que se misturam doutrinas jurídicas e preferências partidárias, acoberta sérias implicações para a operação das estruturas estatais, para os projetos nacionais de longo prazo e para as emaranhadas relações entre instituições parlamentares e empresários brasileiros e estrangeiros de grande porte.

---

8. Há debate folclórico até hoje sobre os propósitos da renúncia, não obstante a transcrição de conversa que Quadros manteve com seu chanceler, ministro Afonso Arinos, liberal da União Democrática Nacional (UDN), em que o presidente consulta-o sobre a ideia de um golpe de Estado. Não resta dúvida sobre a manobra. Cf. Melo Franco, Afonso Arinos de, *Planalto* (memórias), Rio de Janeiro, José Olympio, 1968, p. 160-162.

Denúncias de corrupção fazem parte do discurso político desde a Antiguidade clássica. Transcrevo referências que dei em volume coletivo, específico sobre o fenômeno da corrupção:

Assim, Demóstenes, no *Discurso sobre a falsa embaixada*, acusa de corrupção a outro orador famoso, Esquines, e é por sua vez acusado por Dinarcos de receber suborno para deixar escapar um preso político. Andrócides, outro clássico, membro da equipe que negociava paz com Esparta, foi igualmente acusado de corrupção, enquanto Lísias, um dos mais brilhantes, era denunciado como capaz de defender qualquer opinião mediante pagamento.[9]

Era prática comum, sabem os especialistas, a venda de posições nas instituições preenchidas por sorteio, aquelas responsáveis pela definição da pauta e do encaminhamento das matérias a serem deliberadas democraticamente pela Assembleia. Isso na Antiguidade grega. Já os depoimentos dos abastados comerciantes do Renascimento lamentam o valor das propinas, ademais de inteiramente aleatórias em quantidade e cobrador, anotando-os em secretos livros--caixa, antepassados da contabilidade clandestina das corporações. A iniciativa das ilegalidades não era exclusiva dos burocratas e nem dos reis, famosos apropriadores de fortunas mediante concessão de benefícios especiais. Os grandes armadores e comerciantes da época se antecipavam à cobrança tentando reduzir o peso da corrupção no custo final da mercadoria.

Modernamente, a história da acumulação capitalista conserva rico catálogo de violações de normas de conduta legalmente estabelecidas. Em *Corruption in America: from Benjamin Franklin's Snuff Box to Citizens United*,[10] Zephyr Teachout narra desde episódios

---

9. Cf. "Democracia", in Avritzer, Leonardo et al., (orgs.), *Corrupção: ensaios e críticas*, Belo Horizonte, Editora da UFMG, 2008, p. 126-127.
10. Cambridge, Harvard University Press, 2014.

de humor, como a tentativa de Luís XVI de corromper Benjamin Franklin com uma caixa de rapé trazendo incrustada a efígie real, até a decisão da Suprema Corte americana de preservar o direito de gasto ilimitado das corporações em campanhas eleitorais.[11] A presença do tópico em inquéritos de opinião, que aparecem semanalmente em algum país do mundo, não surpreende mais, e as pesquisas acadêmicas se interessam por aspectos adicionais da avaliação dos eleitores e representantes a respeito do funcionamento das democracias representativas.

Em abril de 2012, a União Interparlamentar das Nações Unidas publicou um relatório sob a responsabilidade de Greg Power, *The Changing Nature of Parliamentary Representation*, apoiado em 76 parlamentos que, dentre 190 em funcionamento no mundo, ofereceram contribuições escritas para o documento, outros 69, cujos representantes concederam entrevistas detalhadas e, ainda, 663 parlamentares que participaram da amostra, extraídos do conjunto de 46 mil espalhados pelos legislativos do mundo todo. Nenhuma conclusão de tão limitada investigação deve ser entendida dogmaticamente, como advertem os autores, mas nem por isso tome-se por inócuo o resultado de que a necessidade de maior transparência e controle das ações dos representantes acompanhe, invariavelmente, as recomendações relativas a melhor comunicação, maior competência da assessoria e demais aspectos da vida parlamentar. Tudo somado, da Grécia clássica à Europa moderna, a pesquisa mostra que o tema da corrupção sempre esteve presente nas sociedades mercantis, mas só ocasionalmente as reclamações desaguaram em golpe de Estado. De modo mais claro, a recorrente denúncia de corrupção governamental ou parlamentar só parece eficaz como

---

11. Exemplos dos problemas e iniciativas dos comerciantes renascentistas estão colhidos em Bruckner, Gene (org.), *Two Memoirs of Renaissance Florence: The Diaries of Buanoccorso Pitti & Gregorio Datii* (1967), Illinois, Waveland Press, Inc., 1991.

estratégia de sublevação quando associada a outros objetivos e certamente a grupos sociais que dispõem de recursos defensivos contra a corrupção ou para amenizar seus efeitos. A incidência majoritária de tentativas bem-sucedidas de golpe mostram as denúncias de corrupção associadas ao repúdio a mobilizações sociais e econômicas dos setores subalternos da população. Inegavelmente, pobres não dão golpes de Estado, não tentam soluções revolucionárias e, em meu conhecimento, nunca em reação indignada apenas contra processos de corrupção.

Recorrente na retórica conservadora, o problema da corrupção exige tratamento menos superficial do que o estilo leviano dos denunciadores contumazes, mas não só. Sublinhar que ela faz parte da administração e dos negócios das sociedades mercantis permite aos conservadores que dela não se beneficiam (e mesmo estes, às vezes, para manter as aparências) a insinuação de ser essa cautela uma defesa disfarçada do próprio fenômeno, que atribuem a desvios congênitos de governos de inclinação popular. Cobrar rigor na análise do fenômeno é traduzido como simpatia. O despropósito da insinuação fica aparente com a analogia de um oncologista, estudioso sistemático dos tumores malignos, denunciado, por isso, com a alegação de ser deles enamorado. O tema fará parte da análise do golpe de 2016 na engrenagem democrática brasileira, e convém esclarecer a perspectiva aqui prestigiada.

A indignada e clássica acusação de que o governo está minado por práticas corruptas foi enriquecida, no discurso político brasileiro, pela exigência de comportamentos éticos no tratamento da coisa pública. Última moda no léxico político, "ética" disputa com "republicano" a primazia de não significar coisa alguma no cotidiano, fora das recomendações bíblicas. Em minha memória, ética era uma das mais tediosas disciplinas do curso de graduação em filosofia, em primeiro lugar porque o professor responsável não podia ser mais soporífico, mas, em especial, porque aqueles alertas para o tema hoje logo percebem não existir uma "ética", mas uma pluralidade de escolas em conflito. Para um admirador de Kant, por exemplo, os consequencialistas deviam ir para a cadeia, sem falar dos seguidores de Jeremy Bentham, sendo que nenhum deles seria aceito como professor assistente de John Rawls, autor de *A Theory of Justice*, e outras reflexões do mesmo porte, contraditado, porém, por seu colega de departamento, Robert Nozick, armado com o sofisticado lockeanismo de *Anarchy, State, and Utopia*. Todos os nominalmente citados estão mortos, e manda a conveniência que os deixemos, e à ética, em paz. A moral da pequena intriga consiste em sublinhar a simples, mas, a meu juízo, letal derivação de que, comum a todas as escolas com certeza encontra-se a virtual condenação de deslizes na administração da coisa pública. Preservar retidão nos negócios da comunidade não pertence à metafísica dos costumes, mas ao bom senso cartesiano.

 Tudo humanamente exigível de administradores públicos é que sigam, sem tergiversações, o hipotético Manual do Serviço Público. Este depósito de regras, acompanhado pelos protocolos específicos de cada repartição governamental, constitui a biblioteca indispensável, básica, necessária e suficiente do funcionalismo e dos governantes. Não deve importar aos contribuintes se o funcionário que os atende seja cristão, hedonista, kantiano ou amoral. Tal assunto, precisamente, não é público, mas privado. Nem tentem por favor ensaiar a objeção de que teorias têm consequências práticas, o que é trivialmente verdadeiro e mastodonticamente irrelevante. Se alguém se confessar seguidor de Jeremy Bentham ao justificar um assalto a banco irá experimentar na carne o critério de verdade ética do poder público. Algum Manual de Administração Pública é a ética necessária e suficiente na administração governamental. Por certo as obras de formação de caráter dos servidores, em todos os países, distinguem as funções deles com atributos gratificantes e de elevada complacência descritiva. Tais atributos, entretanto, são incorporados como premissas naturalmente óbvias nos tratados de administração. Concretamente, em crises com denúncias de corrupção e apelos de governos éticos, na maioria absoluta das vezes, o governo denunciado é de inclinação popular. Naturalmente ocorrerá que algumas das acusações sejam procedentes, mas o histórico golpista assinala que as prioridades de governos usurpadores não têm sido o combate à corrupção, mas, isso sim, notável, a adoção de medidas estancando políticas favoráveis aos destituídos. Também sem surpresa, a maior resistência a políticas de distribuição de renda encontra-se entre os mais bem-sucedidos golpes.[12]

Não tem sido diferente no Brasil. O denominador comum entre os golpistas dos anos 1950 e 1960 e os de 2016 é a rejeição ao progresso econômico e social das classes vulneráveis. O primeiro mandato de Dilma Rousseff, iniciado em 2011, encontrou o mundo inteiro, sem exclusão do Brasil, sofrendo a migração do conflito distributivo da riqueza criada em universo de soma em expansão (tecnicamente, período em que todos os grupos sociais são beneficiados, ainda que alguns mais que outros) para um cenário em que, no melhor dos casos, a soma era constante (com tendência ao congelamento do perfil social de distribuição da riqueza), e, no pior, era negativa, em que alguns grupos seriam obrigados no mínimo a reduzir o ritmo de apropriação da renda gerada. Ora, a presidente Dilma Rousseff buscou evitar o congelamento relativo do *status quo* e, ainda mais, manter a transferência de renda dos grandes detentores de riqueza para os pobres, sustentando a rede de políticas sociais tramada ao longo dos governos do Partido dos Trabalhadores (PT). Em meio ao temor dos detentores de riquezas e dos empresários diante dos efeitos duradouros da crise internacional de 2007-2008, Dilma Rousseff intensificou algumas políticas,

---

12. Em volume recente, Lena Lavinas conclui que, "quanto maior a renda, menor o apoio à intervenção do Estado em prol da redistribuição". Cf. Lavinas, Lena (coord.), *Percepções sobre desigualdade e pobreza: o que pensam os brasileiros da política social?*, Rio de Janeiro, Centro Internacional Celso Furtado, 2014, p. 134.

como o programa Minha Casa, Minha Vida, adicionando iniciativas ao cardápio de proteção dos mais vulneráveis, com incursões pela baixa classe média.[13] O sistema financeiro, porém, continuou beneficiado, sem indicar perdas absolutas ou mesmo relativas, ano a ano; o lucro do setor financeiro e dos segmentos rentistas manteve-se elevado. A distribuição dos ônus e bônus do primeiro mandato de Dilma Rousseff é matéria controversa, inclusive entre os apoiadores do governo.

Polêmicas a propósito do desempenho governamental caracterizam o debate em todas as democracias representativas desde a década de 1980. A insatisfação, registrada no mencionado relatório da União Interparlamentar, se expressa nas críticas de que os governos não se preocupam com a qualidade dos serviços públicos prestados e, mais grave, não respondem à agenda de prioridades das populações. Nem por isso, não obstante a multiplicação de conflitos abertos por toda a Europa, e não só lá, a insatisfação popular tem conduzido os países a soluções estranhas à Constituição – com a Grécia marcando a exceção.

A frustrante Primavera Árabe, inesperado dominó a derrubar tirania após tirania, cedeu à insuficiência de propósitos e à ausência de lideranças organizacionais, recaindo, país a país, no ramerrão das ditaduras tradicionais. Esse parêntese localizado no tempo e no espaço não provocou deflexões maiores na trajetória das democracias representativas de outras regiões. O movimento espanhol "Podemos" esgotou os anseios revolucionários na competição eleitoral em que não tem sido incontestavelmente triunfante. Por todas as evidências, até agora, a reação conservadora mundial tem conseguido prevalecer sobre as tentativas de reformulação dos esquemas

---

13. A amplitude da adesão dos governos trabalhistas a políticas de benefício popular, e seus antecedentes, está exaustivamente estudada em Arretche, Marta (org.), *Trajetórias das desigualdades: como o Brasil mudou nos últimos cinquenta anos*, São Paulo, Editora da Unesp, 2015.

de acumulação de riqueza e de poder, apenas com sutis jogos parlamentares, sem o recente e escandaloso processo brasileiro.

No Brasil, o governo da presidente Dilma Rousseff entrou em declínio no último ano do primeiro mandato, submergindo nos dois primeiros meses de 2015, no início do segundo mandato. Antes, em junho de 2013, a exasperada truculência do governo de Geraldo Alckmin reprimindo passeata contra o aumento das passagens de ônibus na cidade de São Paulo provocou imprevista reação de solidariedade não apenas na capital paulista, mas em vários centros urbanos. O estúpido aumento da repressão física em São Paulo e em outras capitais conflagrou o ambiente urbano em número crescente de metrópoles, em rebeldia contra tudo, partidos e políticos, indiscriminadamente, acompanhada de confrontos violentos entre polícia e manifestantes, depredações, prisões e feridos. Compreensivelmente, a indisposição popular, ativa nas demonstrações e passiva no apoio tácito da opinião pública, no início dos conflitos, terminou por hostilizar todo tipo de autoridade de base representativa, incluindo a presidente Dilma Rousseff. Propostas de programas específicos em matéria de transporte e outras, anunciadas até em edições televisivas especiais, foram inúteis; em verdade, em circunstâncias semelhantes, nada é capaz de reverter a fúria meio anarquista, aproveitada por múltiplas organizações, então desconhecidas ou inexistentes, a que chamarei em seguida de micróbios, em referência à sua escala reduzida, por seu elevado potencial destrutivo e a completa impotência criadora.

Esses micróbios resistem à terapia dos programas governamentais e só desaparecem por exaustão de sua vida útil; de certa forma, são anaeróbicos, sucumbem à continuada exposição pública. Da experiência participativa anárquica contra "todos los gobiernos y todos los partidos", de 2013, nada restou, na verdade. A mobilização de 2016, embora dispensando sem hostilidade as lideranças políticas tradicionais, tem motivação clara e limitada: reação à usurpação do governo por Michel Temer e seu grupo. Não há como confundir o

movimento de resistência ao governo usurpador com os grupelhos que só se mantêm parasitando o movimento das grandes massas, mesmo quando financiados com recursos obscuros. Esses grupelhos, micróbios, não possuem vida autônoma.
   A popularidade de Dilma desabou, ainda lá em 2013, para não mais se recuperar. O governo ingressava no fluxo de desmoralização e descrédito a que estavam submetidos os governos em todos os países, sequela da crise econômica iniciada em 2008. Contra uma oposição pouco respeitada e sem programa claro, mas valendo-se da onda anti-Dilma, emblemática da rebelião contra a hegemonia do Partido dos Trabalhadores, a disposição de votar pela mudança no Executivo nacional cresceu quase que de maneira avassaladora em 2014. Por pouco a reação do eleitorado de esquerda deixou de ser suficiente ou tempestiva para evitar a derrota eleitoral. Houve momentos na campanha em que o estado-maior dilmista vislumbrou a derrota, evitada pela reação agônica da militância petista. Hipóteses de impossível verificação especulam como teria sido diferente o resultado se os eleitores petistas se houvessem mobilizado antes. Possibilidade igualmente especulativa poderia ter ocorrido se a campanha durasse algo mais e os concorrentes houvessem reagido ao esforço petista de última hora.
   Na realidade, como é notória, a decepção do Partido da Social Democracia Brasileira (PSDB) e associados foi profunda e democraticamente letal. Conduzidos, desde o dia seguinte à apuração dos votos, pelo candidato presidencial derrotado Aécio Neves, eles percorreram o trajeto histórico dos antigos golpistas: primeiro acusaram os vitoriosos de fraude eleitoral, depois, de corrupção. Reprise da eleição de 1950, de Vargas, e da de JK em 1955. E bandeira gêmea do anticomunismo de 1964. Aécio Neves propôs a flâmula do impedimento, aceita de imediato pelo Partido Popular Socialista (PPS) de Roberto Freire e, gradativamente, pelos demais membros do PSDB e Democratas (DEM), terminando por contaminar todas as frações inconformadas das demais bancadas da

Câmara dos Deputados. Quando a esquerda despertou, diante da adoção da derrotada agenda direitista, era tarde. A enorme coalizão a favor do impedimento estava soldada, inclusive com partidos que participavam do Ministério até a véspera da votação, na Câmara dos Deputados, da autorização dada ao Senado Federal para iniciar o processo de impedimento. A belíssima campanha "Não vai ter golpe", que se seguiu, perdeu. A fase final do assalto parlamentar na Câmara dos Deputados, com a votação realizada em 17 de abril de 2016, foi, por aclamação unânime dos observadores, grotesca. A tese do impedimento presidencial, se perfilhada integralmente por alguns, como de justiça, revelou-se para todos e afinal foi explicitamente defendida como uma punição política para a qual os argumentos constitucionais só acrescentam certo impudor.

Esta é uma narrativa compatível com fatos de conhecimento geral, ainda que de interpretação contrária. No futuro, pesquisas acuradas, obtendo informações que a temporalidade presente obstrui, farão com que a narrativa seja complementada, emendada ou absolutamente repelida. Mas a exposição das conexões não visíveis independe da veracidade ou incompletude da *histoire événementielle* do período. Trata-se de investigar os mecanismos operadores do processo substancial que, embora susceptíveis aos eventos de conjuntura, seriam capazes de funcionar em contextos contingentes alternativos. As tentativas de 1954 e 1964, essencialmente estruturadas de maneira semelhante, se precipitaram em circunstâncias que, fortuitas em grande parte, condicionaram o fracasso em uma e a vitória em outra. Abstratamente, é possível classificá-las como exemplares do mesmo tipo de fenômeno, não obstante o desfecho diferente nos dois casos. Do mesmo modo, presume-se que a reflexão a seguir acomode variantes da narrativa entretida sem perda substancial de capacidade de explicação.

A técnica adotada agora, o golpe parlamentar, difere essencialmente da ocupação ilegal do governo tentada em 1954, tanto quanto da vulgar, embora vitoriosa, quartelada de 1964. Se em 1964 a modestíssima aparição de organizações populares na cena política levou os conservadores à histeria de identificar em político moderado como João Goulart um radical subversivo, em vias de instalar fantasmagórica entidade destituída de sentido inteligível – a república sindicalista –, análogo temor caberia, talvez, como explicação para o atual discurso de ódio nas concentrações patrocinadas pela Federação das Indústrias do Estado de São Paulo (Fiesp). Não seria novidade, mas há algo mais do que medo anticomunista, e há algo menos do que em 1964, também. Menos porque, precisamente, o antigo boi da cara vermelha não tem sido convidado para as marchas direitistas. Uma que outra menção a Cuba é pouco demais para comparação com a Marcha da Família com Deus pela Liberdade de março de 1964. Ninguém anunciaria estar disposto a doar joias e outros bens para salvar o Brasil do comunismo, ainda que, em 1964, não se tenha notícia de fabulosas gemas entregues ao país. O pavor irracional ao comunismo é o ausente atual.

O que há a mais é o visceral e explícito repúdio ao continuado predomínio de políticas visando reduzir as desigualdades nacionais. Successivas derrotas levaram a elite econômica do país, embora altamente compensada durante os governos trabalhistas, a associar-se aos setores preconceituosos da classe média no desespero das eleições como recurso para interromper a supremacia eleitoral trabalhista. Deterioração econômica e desacertos de condução política do governo, diz-se, propiciaram o adubo para que a pregação golpista, iniciada sob a suspeita de inexistente fraude eleitoral, prosperasse, terminando vitoriosa no assalto ao poder governativo. As primeiras e truculentas ações do usurpador do poder revelam, sem lugar a qualquer dúvida, a inclinação antipopular dos grupos golpistas, ações a que não faltou também clara simpatia pelos interesses de grupos transnacionais com hegemonia norte-americana. Mas, como técnica de tomada de poder, o golpe de 2016 é essencialmente distinto do de 1964, entre outras razões porque a infraestrutura da política, em 1964, era subdesenvolvida se comparada à ecologia da competição em 2016. Para efeitos da presente análise, a ecologia da política remete a três poderosos indicadores: o grau de urbanização do país, o tamanho do eleitorado e a extensão da mobilização social. Em 1960, Brasília era um ajuntamento de prédios no meio do mato, com a beleza fria dos traçados de Oscar Niemeyer e largas avenidas sem sinais de trânsito. Funcionários públicos se transferiam da cidade do Rio de Janeiro e outras cidades para lá, recebendo os prometidos benefícios salariais e de ajuda à mudança. A urbanização do país inteiro se acelerava, mas ainda não superara, em 1960, os 45% do total da população. À exceção do Sudeste, em que 57% da população viviam em áreas urbanas, em nenhuma outra região as taxas ultrapassavam os 40%. Centro-Oeste e Nordeste se apresentavam com 34%, e o Sul com pouco mais, 37%; a inviabilidade de apurações censitárias na área florestal amazônica enviesa o dado comparativo, mas, em tese, a população urbana correspondia a 39% da população nortista total.

As estatísticas modestas remetem à dinâmica do golpe de 1964, reduzindo praticamente a probabilidade de sucesso da intentona às decisões dos comandantes do I e II Exércitos, ambos sediados na região Sudeste, que, então, não se solidarizaram com as inclinações legalistas manifestadas pelo comando do III Exército, no Sul. Por ocasião da renúncia de Jânio, em 1961, a tentativa dos ministros militares de impedir a posse de João Goulart foi desafiada pelo III Exército, com seu Estado-Maior em Porto Alegre, exposto à propaganda e decidida rebelião do governador do estado do Rio Grande do Sul, Leonel Brizola. Em constantes transmissões radiofônicas, desde Porto Alegre, Brizola contagiou os comandantes das divisões de outros exércitos, até a concordância da maioria, juntamente com a liderança política, de abortar o golpe, se adotado o sistema parlamentarista de governo. Resultado típico de golpes civis-militares conhecidos, essa era uma restrição aos poderes do quase destituído, contra a férrea resistência de Leonel Brizola. A aceitação conciliatória do parlamentarismo por Jango foi obtida pela promessa, oficializada na emenda parlamentarista, de convocação de plebiscito, em 1963, quando então o voto direto levou o país de volta ao presidencialismo, como já anotado. Quer na crise de 1961, quer no golpe de 1964, os escassos movimentos sociais, assim como a insatisfação sindical, foram totalmente irrelevantes, e as ruas permaneceram desertas, vazias, silentes.

Em 2010 falamos de uma população de 195 milhões de habitantes, comparados aos 73 milhões, de 1962. Enquanto mais da metade da população (55%) vivia na roça em 1962, 84% dela já moravam em cidades, em 2010, num velocíssimo processo de urbanização distribuído por todas as regiões do país: 73% urbanos no Nordeste, 85% no Sul, 89% no Centro-Oeste e 93% no Sudeste. População urbana sugere maior taxa de escolaridade, maior nível de renda, acesso a bens públicos (e suas conhecidas deficiências), melhor cobertura jurídica, civil e trabalhista, razoável grau de associativismo da população carente, intensa exposição aos meios de comunicação de massa, elevada participação eleitoral e – aspecto crítico – cadente temor de manifestações públicas. Não há semelhança na ecologia política do país entre as duas datas.

O medo perde espaço para a solidariedade de vizinhança, de trabalho, de crenças religiosas, políticas ou sexuais. Passeatas se convertem em correia de transmissão de demandas, ao lado dos partidos políticos, mais urgentes e ágeis que eles, tal como o relatório da União Interparlamentar registrou na Europa. O sistema partidário continua a deter o monopólio da representação política, mas cede diante do pluralismo das formas de participação. Nada mais acontece no Brasil sem repercussão pública exposta nas praças. O ano de 2013 trouxe gigantesca evidência de recém-aberto capítulo, com trombetas, celulares a granel e vídeos, compartilhados ao vivo pela internet, tendo por novidade a presença de um segmento da direita política e social disposta a competir pelo domínio dos palanques. Desde junho de 2013 as ruas não mais se quedaram abandonadas. Os confrontos com forças policiais se multiplicaram, as infiltrações de grupos anarquistas, alguns, outros simplesmente predatórios, alertaram os organizadores da direita e da esquerda para o crônico problema dos aproveitadores dos movimentos de massa. Mais recentemente, em 2016, escaramuças entre adeptos de persuasões políticas adversárias ensaiaram estágio mais hostil da competição. A repressão à participação política fora dos partidos, em ascensão, arrisca-se a cobranças em reputação e, quiçá, em votos.

Apesar do relativo descrédito dos partidos e da atividade legislativa, captado em pesquisas nacionais no mundo inteiro e também nas rotineiras respostas a inquéritos por aqui realizados, eleição é coisa séria no Brasil. Este é o segundo aspecto da ecologia política em análise. Aliás, com exceção dos Estados Unidos, campeão histórico de baixo comparecimento eleitoral, os países de democracia representativa nunca rejeitaram sistematicamente a atração das urnas. Recensão do comparecimento médio em eleições livres para a Câmara dos Deputados de 37 países, entre 1960 e 1995, revelou que, em seis, a média de participação esteve acima dos 90%; acima dos 80%, em 16, em oito países a média foi superior a 70%, e os sete restantes, sim, registraram 69% em média, ou abaixo, de comparecimento. Austrália, Áustria, Bélgica e Itália estiveram entre os campeões; da Nova Zelândia, com 88% de comparecimento médio, a Israel, com média de 80%, variaram os 16 seguintes, aparecendo o Brasil na 18ª posição, com média no período de 83%, entre os 37 países recenseados, e em 11º entre os 16 intermediários. Os últimos quatro lugares foram ocupados por Índia (58%), Estados Unidos e Suíça, com 54%, e Polônia, com a média de 51%.[14]

No Brasil, o comparecimento às eleições tem sido estavelmente elevado depois do pleito para a Assembleia Nacional Constituinte, em 1986, tanto em disputas para a Câmara dos Deputados quanto

---

14. Cf. LeDuc, Lawrence, Richard Niemi e Norris, Pippa (orgs.), *Comparing Democracy: Elections and Voting in Global Perspective*, Londres, Sage, 1996, p. 218, tabela 8.1.

para as assembleias legislativas estaduais, e em todas as regiões do país. Por razões de geografia, as taxas da região Norte, igualmente estáveis, são algo inferiores às das demais. A constância na participação eleitoral, com variações pouco significativas em regiões de fortes disparidades econômicas entre si, bem como nos indicadores internos de desigualdade social, não é feito de pouca monta, irredutível à reduzida eficácia das punições por absenteísmo. Multas por não comparecimento eleitoral são residuais nas contas a ajustar entre eleitores e Justiça Eleitoral, bastando ao faltoso a apresentação de justificativa médica para escapar ao agravo. Pormenores e filigranas jurídicas somados contribuem de algum modo para resultados, cuja frequência os naturaliza. Mas nem mesmo fenômenos propriamente naturais, como chuvas ou calor excessivo em certas áreas, parecem produzir impactos relevantes na competição em eleições proporcionais.

A qualificação é importante na medida em que 3% ou 5% de abstenção são capazes de alterar o desfecho em eleições majoritárias: prefeitos, governadores, senadores e, com certeza, em pleitos presidenciais. Certo que o desconhecimento da intenção de voto dos ausentes impede julgamento definitivo sobre possíveis mudanças nos resultados majoritários, fosse menor a abstenção. A possibilidade, contudo, não é descartável, tendo dado ensejo à construção de cenários em que a distribuição probabilística do tipo de eleitor em zonas especiais resulta em vitória de candidatos oficial e efetivamente derrotados. Nada, entretanto, comparável ao enorme desvio entre inclinação passiva do eleitorado e sentença das urnas nas eleições majoritárias norte-americanas.

Nas eleições parlamentares de 1962 o eleitorado brasileiro já havia quase ultrapassado a soma dos colégios eleitorais dos países nórdicos. Desde então, o crescimento da população, especialmente a urbana, adquiriu enorme velocidade, como registrado, enquanto na Europa a população aumentava a taxas irrisórias. O crescimento do eleitorado, acompanhando pelo menos vegetativamente, na Europa, o da população, também foi profundamente distinto no Brasil. A diferença não apenas entre o tamanho dos eleitorados, mas fundamentalmente entre os percentuais de crescimento dos respectivos colégios, é gigantesca, graças ao movimento de conversão cívica deflagrado aqui durante as décadas de 1970 e 1980. A comparação interna é igualmente impressionante: em 1962, o eleitorado brasileiro somava 18.522.260 eleitores; em 2010, 135.604.041. Embutido nas estatísticas aloja-se o fenômeno da construção nacional por via política, com a incorporação completa das regiões Norte, Centro-Oeste e Nordeste ao circuito da competição eleitoral.[15]

O salto de cada uma das regiões se mostra nos números que comparam o eleitorado como proporção da população em 1962 e 2010. Na ordem, por região: Norte, 23, 62; Nordeste, 21, 69; Sudeste, 51, 72; Sul, 26, 72,9; Centro-Oeste, 24, 71. Com um mercado de votos de âmbito nacional da ordem de quase uma centena e meia de milhões de eleitores, urbanizados em vasta maioria, expostos a comunicação múltipla, percebe-se o enorme poder causativo do comparecimento em massa antes mensurado. As reservas críticas quanto à congruência entre a lista de vitoriosos e os votos depositados, pela mediação das coalizões eleitorais, não cancelam o valor político do mecanismo. Os candidatos precisam superar os competidores recebendo votos próprios e alcançando boa posição na lista de candidatos para se apropriar, por intermédio da regra da coalizão, dos votos dados a outros.

A opção pelo sistema proporcional de representação facilitou a dispersão das preferências e a expressão de variados segmentos de opinião. A multiplicidade de partidos resultante do sistema

---

15. Análise detida, década a década, região a região, encontra-se em Santos, Wanderley Guilherme dos, *Horizonte do desejo: instabilidade, fracasso coletivo e inércia social*, Rio de Janeiro, Editora da FGV, 2006, particularmente o capítulo 3, "A expansão da arena eleitoral".

proporcional, contudo, não só acomoda o pluralismo de opiniões. Ela democratiza as oportunidades de concorrência, evitando que burocracias discriminadoras asfixiem candidatos a candidatos, negando-lhes a legenda pela qual concorreriam. Candidaturas avulsas não são permitidas pela legislação, logo, a indispensável necessidade de filiação partidária e, mais que isso, da aposta de ser favorecido pela escolha interna do comitê eleitoral do partido para assegurar uma posição na concorrência. O impedimento legal a candidaturas avulsas gera poder burocrático, manipulado pelas lideranças partidárias na seleção de candidatos, na formação de coligações e na distribuição de recursos de campanha. No próximo capítulo estudaremos algumas das consequências da legislação.

Submetido a críticas permanentes por parte de eleitores, candidatos, direções partidárias, jornalistas e acadêmicos, passa pouco percebida a função democratizante do sistema eleitoral brasileiro. Lamenta-se a contínua evasão às tentativas de enraizar, mais do que normas, hábitos de fidelidade partidária, tomando-a como indicador da imaturidade ou da invencível incapacidade ideológica das legendas nacionais. Quando a ênfase nessa deficiência é associada à crítica de putativas burocracias esclerosadas, o conjunto de reclamantes parece acreditar em breve materialização de um sistema político angélico, em que a fidelidade partidária não alimentasse as burocracias, em que a prática dos candidatos vitoriosos contemplasse as demandas comezinhas de seu eleitorado, sem ser todavia populista, e em que governo e oposição esquecessem diferenças e ambições de poder, guiando-se estritamente pelos supremos interesses da nação, os quais, claro, são aqueles que os críticos privilegiam. Daí a tendência a leituras unilaterais do que ocorre produtivamente na política.

A democratização de oportunidades conduz inevitavelmente à intensificação da concorrência. É notório que grandes eleitorados associados à representação proporcional segregam razoável pluralidade de partidos. O número de 27 partidos concorrendo, em 2010, e de 32 autorizados a concorrer à legislatura de 2014, no Brasil, empresta solidez às críticas, senão ao sistema proporcional, à inexistência de eficiente cláusula de barreira impedindo fragmentação de tal magnitude. À fragmentação credita-se inevitável e recorrente crise de governabilidade, provocada pela impossibilidade de atender a todas as legendas que compõem a maioria parlamentar. O descontentamento dos aliados se expressa na dificuldade do governo de aprovar legislação, em especial em matérias programáticas estratégicas. Assim corre o argumento, com algum apoio circunstancial em momentos limitados deste ou daquele governo, nacional ou estadual.

Truncaria a lógica dessa exposição o exame da adequação de cada elo do argumento conectando o sistema proporcional à multiplicidade de partidos, destes à fragmentação e, finalmente, da fragmentação à crise de governabilidade, inclusive mediante extenso número de exemplos disponíveis para comparação internacional. Basta assinalar que a conexão primitiva entre sistema proporcional e multipartidarismo é trivialmente verdadeira, derivada quase por definição do conceito de proporcionalidade. Mas não é pacífica a associação entre pluralidade de partidos e fragmentação; os resultados variam conforme a unidade de análise – o número de legendas partidárias ou a distribuição de lugares conquistados entre cada uma delas. Acaso 10 partidos com um deles detendo 90% das cadeiras refletiria um sistema mais fragmentado que um sistema bipartidário, em que cada uma das legendas em competição controlasse 50% dos lugares da representação? Não parece razoável (essa lembrança encontra-se mencionada há mais de 50 anos no brilhante *A Preface to Democratic Theory*, de Robert Dahl). E, finalmente, atribuir crises de governabilidade a fragmentação de legendas ou ao tamanho de bancadas há muito deixou de ser axioma, passando à condição de hipótese, de resto polêmica, nas investigações recentes. A análise internacional comparada, ao contrário, convalida a tese geral de que crises parlamentares de grandes proporções têm sido disparadas por conflitos entre grandes, médios e pequenos partidos, independentemente do seu número. Em golpes parlamentares, a variável crucial é de outra natureza. Vale a oportunidade para corrigir brevemente poucos dos muitos equívocos correntes sobre os pequenos partidos brasileiros. De saída, é incorreta a premissa de que as legendas partidárias garantam uniformidade nas três arenas de competição: nacional, estadual e municipal. Aliás, uma das críticas do arsenal revisionista denuncia precisamente a incoerência de comportamento de todas as legendas, e não apenas das médias e pequenas, em contextos eleitorais distintos. Grande número de partidos sem representação na Câmara dos Deputados tem presença significativa em alguma das assembleias dos 27 estados da federação, e frequentemente com orientação, em um estado, diversa da bancada da mesma legenda em outro estado. A probabilidade de discrepância é ainda bem maior nas mais de 5.500 arenas locais, municipais. Seja dito *en passant* que a incoerência não decorre da fluidez do caráter nacional, sendo tolerada em todos os países de avantajadas dimensões e, consequentemente, de marcantes diferenças econômicas regionais.

Além disso, em mais de 5 mil câmaras de vereadores, nem todos os partidos registrados concorrem às vagas disponíveis; quando concorrem, não comprometem o mesmo investimento em número de candidatos, via coalizões, por exemplo, nem defendem a mesma agenda em outra municipalidade. Tanto quanto os demais, os pequenos partidos não são ambientalistas, espiritualistas ou materialistas por pressão da matriz nacional, nem compõem coligações com os mesmos grandes partidos em todas as localidades. Os grandes partidos, por seu turno, investem menos quanto mais estão os municípios afastados dos grandes centros, oportunidade aproveitada pelos pequenos e nanicos, com estratégias exatamente opostas: investem mais nos rincões distantes e menos nas maiores metrópoles. Em parte, a conjugação de estratégias contrárias entre si favorece as siglas pequenas, sendo imprescindível não confundir a eleição para prefeito com a disputa pelas cadeiras na Câmara local. A associação não é perfeita entre os votos para presidente da República e para a Câmara dos Deputados nos grandes centros, e do mesmo modo também não o é na competição estadual nem na municipal. Partidos e eleitores municipais não são alienígenas ou dotados de racionalidade distinta dos que vivem em capitais. Desafortunadamente, uma das raras e recentes coletâneas de estudos sobre eleições municipais concentra-se quase que por inteiro nas eleições majoritárias para prefeitos.[16] Um dos dois estudos incluindo eleições legislativas, "O papel das câmaras municipais na arena eleitoral: as eleições de 2012", de Maria Teresa Miceli Kerbauy, está preocupado com a tradicional visão de um sistema político em que os partidos teriam a mesma face, independentemente de latitude e longitude.[17] Os aspectos democratizantes da competição plural nos municípios, obrigada, inclusive, a um nível agudo de prestação de contas ao eleitorado local, passam despercebidos pela bibliografia.

De maneira crucial, quanto à fragmentação entre grandes, médios e pequenos, constitui falta metodológica igualar, conceitual e empiricamente, valores de índices relativos a número de partidos e valores relativos a eleitores ou, ainda, a cadeiras distribuídas em assembleias estaduais e câmaras municipais. O número de partidos é indiferente na determinação do índice de fragmentação, o que importa é o perfil de distribuição das cadeiras entre eles, tal como demonstrado no exemplo das distribuições de cadeiras em sistema operando com 10 partidos e outro bipartidário. No exemplo, o sistema de 10 partidos se encontraria praticamente no limite mínimo de fragmentação, e o bipartidário, no máximo do contínuo conceitual e empírico de fragmentação. Nada compli-

---

16. Cf. Lavareda, Antonio e Telles, Helcimara (orgs.), *A lógica das eleições municipais*, Rio de Janeiro, Editora da FGV, 2016.
17. Cf. op. cit., p. 95, entre outros.

cado, mas surpreende a frequência com que tal cuidado de análise é esquecido.

Um dos aspectos mais relevantes da participação dos pequenos partidos na construção democrática brasileira consiste na absorção dos conflitos locais em remotas regiões, antes resolvidos com tocaias, feudos familiares e exércitos privados, e agora transferidos para o âmbito de uma disputa política, trazendo com ela juízes eleitorais, juntas apuradoras e cabines indevassáveis. Claro que o processo é lento, mas sem dúvida mais rápido do que o autorizado pela perpetuação do oligopólio de quatro ou cinco legendas de raízes e comandos predominantemente longínquas. Certo é também que os pequenos partidos não se apresentam como agregados de missionários civilizatórios, ostentando os sonhados atributos de fidelidade, altruísmo e preocupações universais. Sujeitos a desvios de conduta, tal como os grandes, e em simetria ao que se conhece da Câmara de Deputados em Brasília, negócios, nem sempre corretos, envolvendo recursos públicos são efetuados localmente em troca de cargos ou de moeda sonante. A inclusão das pequenas legendas nacionais no cálculo de assalto ao poder, em 2016, descortina importantes desdobramentos no leque de possibilidades.[18]

Enquanto houver políticas específicas a oferecer haverá eleitores votando em candidatos que as prometam. Descarnado, é este o processo, alargado ou conscrito por regras que absorvam, ou não, candidatos a candidatos. Em oligarquias, é vasto o patrimônio de políticas jamais propostas a julgamento do eleitorado. Reduzir o número de candidatos identifica um eficiente recurso de manter políticas indesejáveis na área de não decisão. Para tanto serviram, por séculos, as barreiras à participação eleitoral de milhões de votantes e de candidatos. Nas democracias representativas, a liberdade

---

18. Fabrícia Guimarães e eu concluímos uma pesquisa, no final de 2015, sobre os pequenos partidos nas três arenas, organizada em volume sob o título de *A difusão parlamentar no Brasil*, Rio de Janeiro, Editora UFRJ, programado para 2018.

de organização e de opinião estimula que se criem instrumentos partidários, e estes favorecem o aumento do número de candidatos, outra forma instrutiva de ordenar a competitividade de um sistema democrático. Se existir apenas uma cadeira em hipotética Assembleia, o menor nível de competitividade por ela seria a concorrência entre dois candidatos: só um candidato não tornaria a eleição competitiva; mais um concorrente tonaria a eleição mais competitiva que a de dois pretendentes. Quanto maior o número de candidatos por vaga, maior a competitividade eleitoral do sistema.[19] Por dedução razoável, quanto maior o número de concorrentes, maior a probabilidade de que políticas favoráveis a grandes contingentes de eleitores venham a ser submetidas a julgamento. Se a previsão de que o operariado viria a constituir esmagadora maioria eleitoral, sufocando os conservadores, não se efetivou, a categoria mais ampla de assalariados certamente compõe gigantesco reservatório de votos. A decisão de voto não é consequência exclusiva da ocupação dos eleitores na estratificação social, mas não é de todo improcedente o constante cuidado dos estratos superiores da sociedade com o rol de propostas apresentadas à população. Mesmo assim, a diferença entre o Brasil contemporâneo e o de meio século atrás é abismal.

Completando a lista de diferenças em contingências eleitorais, entre 1962 e 2010, registro os valores do índice de competitividade nas eleições dos dois anos. Em 1962, o índice apontava 2,9 candidatos por vaga à Câmara dos Deputados; em 2010, ele alcançou a média de 12 candidatos por cadeira. Como se observa, ainda em 1962, quase 20 anos depois da ditadura varguista (1945), a competição entre candidatos era praticamente a mínima possível: não chegavam a três

---

19. Formulei e introduzi o conceito de competitividade medido por número de candidatos/número de vagas há duas décadas, e incluí cálculos do índice para a Câmara dos Deputados e assembleias estaduais em *Votos e partidos: almanaque de dados eleitorais* já citado. Atualmente, a medida tem sido utilizada com generosidade.

os candidatos por vaga. O universo de escolha era definitivamente mofino. Em 2010, a disputa por uma posição em Brasília alcançou o maior valor da história eleitoral brasileira pós-1945. Tal competição não anuncia automaticamente dificuldades extras de governança, como mostramos em exemplo anterior, sendo precipitadas as análises que assim a interpretam. Faltam dois componentes importantes, com repercussão nos custos variáveis da democracia representativa brasileira: a distribuição pelos partidos das 513 cadeiras da Câmara dos Deputados e a atitude cooperativa ou conflituosa entre eles – matéria a ser tratada no capítulo 3 deste livro. Antes, uma avaliação comparada dos sintomas de mobilização social, política e econômica, entre os anos de 1962 e 2010, último aspecto da nova ecologia política brasileira, que distingue substancialmente o golpe de 1964 do de 2016.

A tripartição do fenômeno da mobilidade atende a requisitos de exposição, não significa variações completamente autônomas de aspectos propriamente sociais, políticos e econômicos. Mas tampouco admite que convirjam em sentido e velocidade das mudanças. Certo equilíbrio estético fazia parte da concepção que, em análise comparada, ficou conhecida como teoria da modernização. O núcleo da teoria, contudo, representa uma das primeiras tentativas de compreender a evidente variedade das sociedades capitalistas, não necessariamente, mas desejavelmente democráticas, ousando hipóteses de conexões históricas suscetíveis de argumentação factual, não somente de exuberante fascínio lógico. O historicismo do século XIX com certeza subordinava os eventos materialmente datáveis à categoria de ilustrações favoráveis ao discurso, menosprezando os fatos por assim dizer teimosamente implicantes.

É plausível considerar que, depois da II Guerra Mundial, tornou-se impossível, exceto para poetas decididamente visionários, afagar a esperança de aprisionar o devir histórico em alguma fórmula conceitual. As teorias da modernização, expostas a desmoralização a partir mais ou menos da década de 1970, produziu o efeito colateral, à época, de obrigar os teóricos da sociedade à investigação sistemática de verossimilhanças para fins de demonstração, não para consagração de uma narrativa. Os indicadores de que se ocupavam os "modernizantes" não diferiam significativamente dos estudos contemporâneos: renda *per capita* e questões econômicas a ela associadas, alfabetização, urbanização, associativismo, participação política. Na realidade, seções anteriores trataram de algumas dessas variáveis em maior ou menor extensão, em moldura distinta da teleologia embutida nas teorias da modernização. Mantida em silêncio, a avaliação dos progressos em economia, sociais e políticos das sociedades emergentes disfarçava a imagem das sociedades avançadas como o norte orientador da evolução, esse o pecado teleológico das doutrinas de modernização, não obstante as declarações em contrário de seus praticantes.

A veloz expansão do eleitorado não exigiria maior atenção se restrito ao registro em números das estatísticas nacionais. Um eleitorado politicamente relevante é um eleitorado que vota. Nesse sentido, em várias disputas, o eleitorado norte-americano que conta chega a ser inferior ao eleitorado alemão, por exemplo. Mas é característica do espírito cientificista moderno a busca por fatos antecedentes ou concomitantes que esclareçam o sentido do baixo comparecimento. Comprovando a hipótese de que a objetividade material da história não é suficiente para uniformizar a percepção humana, enquanto John Hibbing e Elizabeth Theiss-Morse argumentam, com apoio em pesquisas de opinião e de atitudes, que parcela do povo americano prefere, de modo consciente, que outros decidam por eles certas matérias comunitárias (provocando indignadas celeumas), Samuel Huntington, não menos controverso, defendeu a tese de que a estabilidade democrática depende fundamentalmente de modesta participação política ativa.[20] Ou seja, a democracia só

---

20. Cf. Hibbing, John e Elizabeth Theiss-Morse, *Stealt Democracy: American's Beliefs about how Government should Work*, Cambridge, Cambridge University Press, 2002; Huntignton, S., diversos textos sobre pretorianismo.

funciona bem em doses moderadas; muita democracia seria, em algum momento, malsucedida.

Academicismos à parte, até porque não é banal estabelecer os limites entre pouca, mais, menos ou excessiva democracia, presumo que a participação eleitoral faça a diferença, não obstante os exercícios correntes condenando-a à categoria de ações irracionais. Fosse a decisão de votar a única irracionalidade comprometendo o bem-estar coletivo, e o povo norte-americano não colheria os desastres de 1929 e 2008, arrastando o resto do mundo. Feita a observação sobre a alegada irracionalidade dos eleitores, assinale-se que a mobilidade eleitoral brasileira ganhou novos números em relação ao período pré-1964. Em 1962, na última eleição direta e livre para presidente da República, a abstenção (percentual de eleitores que não compareceram) alcançou 20%, os brancos, a elevadíssima figura de 15%, e os nulos, 3%. No total, 38% dos eleitores abdicaram do direito de influir na escolha do dirigente máximo do país. Em 2010, ao contrário, o total de alienação foi de 27%, assim distribuídos: 18% dos eleitores se abstiveram, 3% votaram em branco e 6%, nulo. Não se trata de episódios excepcionais. Em 2002 e 2006, eleições anteriores, os números foram, respectivamente, os seguintes: abstenção, 18% e 17%; brancos, 3% e 3%; nulos, 7% e 6%. Governar o Brasil, no século XXI, tem significado prestar a atenção a um eleitorado alerta, ao contrário do que as pesquisas insinuam em relação à alegada ignorância dos votantes.

Reiteradas eleições têm fortalecido a sensação de que os resultados das disputas importam. E não só no Brasil. Se Hibbing e Teiss-Morse interpretaram de maneira esdrúxula o absenteísmo nos Estados Unidos, há algo a ser ensinado na oscilação americana: o eleitor se mobiliza quando convicto de que os resultados não são neutros. A vida de cada um é afetada por diferentes ênfases governamentais. As ondas de maior ou menor participação eleitoral acompanham as expectativas quanto às consequências que os resultados trarão. A série de taxas brasileiras de alienação (abstenção, votos brancos e nulos) comprova a tese de que a participação eleitoral sofre mudança em compasso com a variação das expectativas.[21] Há uma poderosa razão condicionando o comportamento razoável: o tamanho do eleitorado constitui fator importantíssimo para o desempenho da democracia representativa, mas a heterogeneidade é tão ou mais importante que o tamanho.

Milhões de eleitores resultam do somatório de vários subconjuntos dotados de objetivos diferentes e, episodicamente, até conflitantes. Segue-se que os vitoriosos em uma eleição, mais do que não atenderem à pauta de interesses de certo grupo, beneficiam outros, e, com isso, número incerto de eleitores terá perdas absolutas ou relativas. O cálculo subjetivo do eleitor, e que o faz comparecer e depositar um voto válido, expressa a distância entre a simples frustração de seus objetivos e a séria possibilidade de ver deteriorada sua posição na escala de renda, ocupação ou estima social. A mobilização eleitoral é tão mais relevante quanto mais extenso o número de conflitos distributivos que trespassam a sociedade em questão. E a fonte geradora de diferentes agendas de demandas se encontra na complexidade alcançada pela sociedade, ou seja, pela multiplicidade e heterogeneidade dos grupos de interesse organizados.

A industrialização acarreta especialização da força de trabalho, mas também do capital, diferenciando metas e expectativas. Os serviços, transporte, comércio, habitação, somados àqueles classicamente sob a responsabilidade maior do Estado, saneamento, saúde, educação, segurança, todos impulsionados pela urbanização, acrescentam velocidade à especialização do capital e do trabalho. Consequência direta da divisão social do trabalho, os interesses multiplicam-se vertiginosamente, convertendo-se, ou não, em organizações participantes da disputa distributiva. No Brasil, da acanhada comunidade de 1962 passou-se à ebuliente e complexa

---

21. Em *Horizonte do desejo*, op. cit., p. 75-79, o leitor encontrará um exercício comparativo utilizando dados reais em apoio à afirmação do texto.

sociedade de depois da ditadura de 1964, tendo as relações interpessoais soldadas, antes que por afetividades de natureza familiar ou religiosa, agora por milhares de ações coletivas interesseiras. Sem mencionar a evolução sindical, clássico indicador de mobilização, é apropriado reconhecer que, hoje, são milhares as ocupações em que se desdobra a força de trabalho nacional. Dificuldades de classificação impedem a mensura adequada da evolução da divisão social do trabalho no Brasil, mas é sensato admitir que a translação do setor primário para o secundário e o terciário, e, nos dois últimos, a especialização cada vez maior da aplicação do trabalho, acarretam uma sofisticação crescente da rede de conexões sociais e econômicas. Se os interesses profissionais, econômicos e sociais a elas associados não são necessariamente conflitivos, não serão cem por cento complementares na disputa distributiva. A magnitude da transformação está registrada em recente pesquisa sobre organizações não governamentais, sem fins lucrativos (o que não significa indiferença aos interesses dos membros e representados, ao contrário), conduzida pelo Instituto de Pequisa Econômica Aplicada (Ipea), pelo Instituto Brasileiro de Geografia e Estatística (IBGE) e pela Associação Brasileira de Organizações Não Governamentais (Abong).

Em 2010, 200 mil e 700 organizações, fundações e associações privadas correspondiam a 52% do total de 556.800 entidades sem fins lucrativos, e a 5,2% do total de 56 milhões de entidades públicas ou privadas, lucrativas e não lucrativas, do Cadastro Geral de Empresas do IBGE, no mesmo ano. Organizações religiosas (29%), patronais e profissionais não sindicais (15,5%), de defesa e desenvolvimento de direitos (14,7%) e assistência social (10,5%), quatro categorias, compreendiam 70% do universo recenseado. Para registro temporal importante, de todas as mais de 200 mil instituições cadastradas, 41% foram criadas entre 2001-2010; e das 118,6 mil entidades surgidas durante essa última década, metade apareceu nos últimos cinco anos, a um ritmo de 4% ao ano. Por região, o número total de entidades cresceu, entre 2006 e 2008, contra a média de

3,7% para o Brasil; 6,1% no Norte; 2,7% no Nordeste; 5% no Sudeste; 1,8% no Sul; e 3,9% no Centro-Oeste. A região mais avançada em industrialização e urbanização, o Sudeste, e duas das três mais atrasadas, Norte e Centro-Oeste, apresentam estatísticas superiores à média nacional. O número para o Norte é de fato surpreendente; de todo modo, observa-se a mobilização da participação social por todo o país.

Admitindo, por hipótese, a média de 30 associados por instituição, e esse é um cálculo meu, obteríamos uma mobilização aproximada de 8 milhões e 700 mil pessoas em busca de satisfação de interesses e atendimento de carências. Ao contrário do Legislativo, com seu rito próprio de acesso e ritmo de decisão, o Executivo é diretamente submetido a pressões diárias: apelos, abaixo-assinados, audiências solicitadas, campanhas midiáticas.

As dezenas de siglas extremamente vocais no início dos anos 1960 não dispunham realmente de um corpo assim mobilizável, nem sequer comparável, e os legisladores e gestores públicos não ignoravam a fragilidade dos corpos coletivos fora dos períodos eleitorais. Mesmo a capacidade de influenciar votos limitava-se aos ativistas, íntimos das diretorias. São diversas as redes de comunicação e pressão em que operam as personagens públicas do Brasil da segunda década do século XXI. O volume de demandas filtradas até os centros decisórios no Brasil pós-Constituição de 1988, e em especial na década de 2001-2010, cresceu de forma rápida e disseminada pelas diversas regiões. A incorporação eleitoral e econômica das regiões Norte, Nordeste e Centro-Oeste deu repercussão nacional às manifestações antes contidas nas jurisdições municipais e no máximo estaduais das unidades federativas dessas regiões.

Resta acrescentar que as mudanças na infraestrutura das sociedades é um fenômeno genérico, de modo algum característico do Brasil ou, no máximo, de sociedades denominadas emergentes. Processos de modernização – recupere-se o termo – são consequência do desenvolvimento capitalista, visto por seus aspectos positivos ou por imposição de crescimento. O peculiar, no Brasil, tem sido a expansão das responsabilidades do Estado na criação das condições favoráveis ao desenvolvimento econômico, e mesmo dele participando como empreendedor. O Estado de certo modo antecipou-se, como produtor e comprador, à expansão do mercado, da sociedade privada, agora pujante, como se observou na pesquisa Ipea-IBGE-Abong. Pelo ângulo da proteção social, os governos trabalhistas do século XXI elevaram a participação das inciativas públicas a níveis inéditos, promovendo inclusive certas inovações, como a do Bolsa Família, adotadas por sociedades economicamente afluentes. Em tese, sociedades tão amadurecidas como a brasileira atual tornam difícil reeditar aventuras golpistas como a de 1964.

Creio que a sondagem razoavelmente comparativa entre o Brasil de 1962 e anos seguintes e o da década iniciada em 2010 credita plausibilidade à tese de que a ecologia da política transformou-se profundamente no entretempo. A repercussão da infraestrutura na dinâmica da vida política é hoje de outra natureza, isto é, as consequências não dizem respeito apenas ao maior número de demandas feitas ou de pessoas envolvidas, mas, certo andava Engels, decorrem da transformação da quantidade em qualidade dos processos ínsitos à vida das democracias representativas. Aspectos que acompanham tais mudanças, referidas a comunicações telefônicas, viagens internas, exposição aos noticiários nacional e internacional via televisão e rádio, progresso educacional, efeito demonstração de pautas de consumo diferenciadas e, vale reafirmar, a vulnerabilidade à propaganda política de distintas orientações ideológicas compõem a natureza da sociedade brasileira, diversa do que se entendia pelo mesmo conceito na década de 1960. Por isso, cabe descrever as operações políticas responsáveis pelo assalto ao poder de 2016, em sintonia com as demais sociedades capitalistas e governadas segundo os princípios das democracias representativas, sem apelo a intervenções militares e transgressões típicas do passado latino-americano.

CAPÍTULO 3

De eleições, temores e processos distributivos

A democracia assegura a continuada inovação institucional e produtiva das sociedades capitalistas complexas. Restrições à ação legítima dos grupos de interesses, punição de iniciativas políticas fora do período eleitoral, privilégios concedidos a formatos corporativos de ação coletiva, ademais dos históricos impedimentos à participação eleitoral, contribuíram ora para o ambiente mofino, ora para as insubordinações desorganizadas das sociedades oligárquicas antes da Revolução Industrial. Como descrição estilizada, essa imagem de comunidades dormentes, sujeitas a espasmos de violência, sublinha os contrastes, mas omite particularidades que atestam a irredutibilidade de cada sociedade nacional a conceitos categóricos. A vitalidade e variedade sociológicas das sociedades complexas geram iniciativas renovadoras da institucionalidade democrática, sem dúvida. Agentes sociais em constante metamorfose e práticas de negociação, ingredientes do conceito de instituição, amplificam os murmúrios e agregam eficácia reivindicatória em comunidades não oligarquizadas. Essa comparação altamente favorável às democracias capitalistas comparecia sistematicamente na bibliografia de vanguarda até meados da década de 1960, anunciando e comemorando a descolonização africana e asiática, processadas a galope e a sangue, depois da II Guerra Mundial.

Logo, a tensão entre valores e práticas democráticas, desbravada por Robert Michels em análise do Partido da Social Democracia Alemã, nascida na segunda metade do século XIX, foi ratificada pela experiência de ponderável número de novos e autônomos países, superior em número ao diminuto conjunto de democracias de antes do conflito. Se a tendência à oligarquia organizacional, identificada por Michels, decorria da ambição dos líderes, os desastres democráticos das décadas de 1960 e 1970 mostravam que a personalidade da liderança não era a única fonte de estrepitosas refregas sociais. Visíveis e estridentes, pressões simultâneas e contraditórias usufruíam intensamente a liberdade de opinião e de organização propiciadas pelo novo sistema, com resultados contraproducentes, contudo.

Limitada por aguda escassez de recursos, a receita democrática semeava tiranias, anotava a contabilidade da controladoria acadêmica, listando as recaídas autoritárias da África, Ásia e América Latina. Sucessivos recenseamentos do número de democracias, ditaduras, de crescimento ou estagnação econômica incendiaram a querela sobre precedências e coincidências, animada até os dias correntes: se a insistência na prática democrática desaguava em progresso econômico, realimentando a democracia, ou se era ao fim dos sacrifícios exigidos pela acumulação material que ocorreria a transubstanciação democrática da política. A vívida polêmica entre especialistas acumulou volumes de hipóteses e pesquisas sobre relações casuais ou sistemáticas entre as instituições políticas e as econômicas, retroprojetadas até antiquíssimos períodos da história humana. Pressuposto comum aos estudiosos contemporâneos, decantado da polêmica, predomina a tese de que o crescimento econômico não depende organicamente da democracia, embora continue indecisa a tese mais tépida de subordinação das taxas de acumulação de riqueza e seus custos sociais, não o fenômeno bruto do crescimento, à natureza das instituições políticas.

O descolamento relativo da economia, desembutida das formas sociais, no diagnóstico brilhante de Karl Polanyi, consagrou, em seu avesso, a levitação autônoma do processo político, instaurando--se rebuscado *pas de deux* em que a economia e a política se revezam na delimitação dos cursos alternativos à disposição uma da outra. Com a implosão do determinismo no universo social, delineiam-se, ao mesmo tempo, os territórios mecânicos em que a política sobra como resíduo na engrenagem da economia, enquanto os curtos prazos da política transcorrem isentos dos percalços econômicos. Essencialmente, nesse respiradouro de autogoverno, inscrevem-se as relações entre a política e a política, isto é, entre a teoria e a prática da democracia representativa. Aí instala-se a dúvida sobre latente inadequação entre os valores e as práticas democráticas em geografias que, livres da escassez absoluta, são superpovoadas por cidadãos reclamantes.

Há resquício de realismo na antiga preocupação de Samuel Huntington com a virtual asfixia dos governos democráticos por excesso de demandas. Mas procede também a advertência de que "excesso" faz parte de métrica assimétrica, mais adequada à competência em administrar reivindicações do que à quantidade delas. O contra-argumento, simpático aos democratas, empalidecia, entretanto, diante dos inúmeros exemplos favoráveis à hipótese huntingtoniana, distribuídos sobretudo pela África e pela Ásia dos anos 1970.[22] O "pretorianismo", apelido da criatura gerada por crises políticas em circunstância de elevadas carências materiais, designava a pretendida novidade de um sistema em que o autoritarismo não repetiria ditaduras do passado, instaurando seletivo e direto padrão comunicativo entre o "pretor" e as massas. Em sua infância, era genuíno o apoio das populações empobrecidas a putativos portadores de salvacionismo milenar, rapidamente degradado em secularismo repressor. O fracasso da novidade pretoriana, contudo, não eliminava o paradoxo democrático. Pista reveladora

---

22. Análise dessa e de outras ondas autoritárias, tratadas com realismo típico de conselheiros governamentais, encontra-se em Kurlantzick, Joshua, *Democracy in Retreat: The Revolt of the Middle Class and the Worldwide Decline of Representative Government*, New Haven, Yale University Press, 2013.

de tênue condicionamento econômico à personalidade da liderança abrigava-se na heterogeneidade dos interesses articulados em arenas de livre manifestação e na inevitável multiplicidade de efeitos das políticas escolhidas, em qualquer regime de governo ou sistema político. Pluralidade de interesses livremente manifestados e multiplicidade de efeitos de escolhas públicas são novidades trazidas pelas democracias representativas, antes que herança de ditaduras (pretorianismos) malsucedidas.

A ininterrupta transação entre representantes e representados, mediatizada por canais parlamentares ou interpelação direta aos executivos, em democracias representativas, se resolve por característica instabilidade produtiva, isto é, pelo saldo de resultados agregados aos bens materiais e aos valores simbólicos, incrementando a taxa de bem-estar da comunidade. Não obstante a controvérsia metodológica sobre o conceito, caridosa paciência com as disciplinas sociais permitiria, provisoriamente, tomar a variação no número de greves e outras conspícuas manifestações como indicadores da sensação de desconforto (mal-estar) relativo da população. Embora incomode àqueles satisfatoriamente instalados na ordem, e não só aos mais bem situados na escala de renda, o polimento das condições de vida dos temíveis e inconformados assalariados costuma ter origem em episódios de atrito autocontrolado entre distintos contingentes da população, não em parlapatórios de sacristias. A melhoria individual e familiar não constitui etapa naturalmente assegurada pela participação na criação de riqueza; ela resulta de atividade à parte do processo produtivo, a saber, é fruto de confronto entre produtores diretos dos bens, de um lado, e, de outro, empregadores do trabalho e proprietários do produto. Repetição e imitação de padrões de conflito e conciliação, fenômenos percebidos por Gabriel Tarde, terminam por provocar solidariedade mecânica entre desconhecidos, via complementação de interesses, contingência cara a Emile Durkheim. A instabilidade produtiva se incorpora, por aprendizado, à métrica da normalidade democrática, em contraposição à estilizada e estéril estabilidade das oligarquias. Aqui, faz-se oportuno um esclarecimento conceitual.

Se existem, e é provável que sim, não estou em busca sistemática de estabilidades produtivas ou instabilidades estagnadas, conforme recomendaria a tipologia cruzada dos dois atributos: estabilidade e instabilidade; produtivas e improdutivas. Não sendo intrinsecamente contrários, os quatro tipos são empiricamente concorrentes, pois ilustram classificação nominalista não exclusiva. Os estudiosos de análise comparada conhecem a cornucópia de tipologias que a imersão em países específicos paradoxalmente provoca. Sem apoio comparativo, o projeto de entender a especificidade do país estudado completa-se apenas quando colocado em moldura de configurações alternativas internas, isto é, ao mostrar como, articulando os mesmos atributos, o país poderia ter sido diferente. Lembrando saborosa expressão de Lévi-Strauss, tudo se passa como se, fosse o mundo confinado às peculiaridades nomeadas pelos tipos, a combinação entre elas correspondesse à bricolagem institucional disponível.

Pragmaticamente em busca de razoável capacidade discriminante, selecionei dois tipos especiais, instabilidade produtiva e estabilidade improdutiva, para esboçar cenários em que a razão desequilibrada entre prática e valores democráticos adquire feição nítida. Trata-se da interação conflito/cooperação em que os participantes, empenhados em vitórias pontuais, não ultrapassam o limite que assegura a reprodução do *status quo* regulamentado, isto é, aquele no qual a disputa distributiva permanecerá legítima em momentos posteriores. Previsão sobre a continuidade das regras do conflito integra as estratégias dos adversários, em cálculo subjetivo, corrigível durante o desenrolar da disputa. Cada participante desconhece o ponto último de resistência do outro, o qual, se o sentir transposto, pode reagir com igual radicalidade, abalando os fundamentos do *status quo* competitivo. A incerteza é universal, pois a ignorância de cada um inclui a percepção do seu próprio limite, sob a pressão desconfortável do adversário. Não havendo certeza prévia quanto ao desfecho da competição, exceto em condições de absoluta disparidade de recursos, o normal da vida em sociedades complexas aponta para a concomitância de inúmeros combates autocontrolados, a saber, aponta para a instabilidade relativa dos lugares de cada um, sem ameaça aos parâmetros gerais do sistema.

O resultado será produtivo quando as condições materiais de vida de pelo menos um dos participantes superarem as anteriores, sem degradar a posição do oponente. Por generalização, esse desenlace indica a figura distributiva conhecida como "ótimo de Pareto". Mas são ainda compatíveis com o conceito de instabilidade produtiva, discerníveis na história econômica, resultados em que ambos os participantes progridem na mesma proporção, graças ao acréscimo na quantidade de bens criados; outros em que os subalternos progridem, porém não tanto quanto os estratos privilegiados; outros, ainda, em que as classes subalternas avançam relativamente mais que as superiores; e, finalmente, resultados em que os subalternos progridem, enquanto os superiores decaem em termos absolutos na quantidade de bens acumulados. Estes últimos seriam resultados subótimos, conforme Vilfredo Pareto, mas produtivos, na extensão em que os perdedores absolutos, os estamentos superiores, ainda controlem bens e recursos suficientes para investimento, visando o lucro.

Por exclusão, são instabilidades improdutivas aquelas em que a posição das classes subalternas não se altera, absolutamente, ao fim de um conflito distributivo, ou se altera para pior. A classificação é axiologicamente parcial, como é transparente, com a justificativa de que, ensina a história, perdas absolutas, mas não incapacitantes, preservam a habilidade empresarial de continuar contribuindo para a acumulação de riqueza; perdas absolutas das classes subalternas, ao contrário, cedo ou tarde estiolam a capacidade comunitária de progredir em termos materiais. As trajetórias nacionais, intercalando irregularmente períodos de características antagônicas, expressam contingências econômicas, por suposto, sem dispensar, contudo, a necessidade das intervenções de natureza política para que as contingências econômicas se realizem.

O roteiro da humanidade tem sido metaforizado como fuga à armadilha de Thomas Robert Malthus, cativo da tecnologia da época, antevendo fomes, mortes e catástrofes como inescapável automatismo de controle do excesso populacional. A relativa noção de "excesso" associa empirias circunstanciais a determinismos naturais, biológicos e políticos, e, variando com eles, salto metodológico de precária validade. Mas a armadilha malthusiana proporciona útil ordenamento dos grandes períodos históricos até metade do século XIX. Proposto por Gregory Clark, e aplicado à história pregressa da humanidade, o modelo malthusiano ilumina os ciclos segundo os quais a taxa de nascimentos aumenta durante estágios de melhores condições de vida e, pelas mesmas razões, a taxa de mortalidade regride, tudo resultando em saldo positivo de crescimento populacional.[23] Movimento reverso posterior, os padrões materiais de vida se deterioram com o aumento da população e do consumo, e, mantida a produtividade da tecnologia disponível, a armadilha se restaura: o ciclo de avanço material, usufruindo marginal progresso nos instrumentos de produção, se reflete no saldo positivo de nascimentos sobre mortes, todavia incompatível com a capacidade produtiva recém-instalada. Na sequência, reinstala--se o saldo negativo entre nascimento e morte até o retorno ao

---

23. Com o brilhantismo literário comum aos pensadores franceses, Fernand Braudel descreve em conferência, "En repensant à la vie matérielle et à la vie économique", os movimentos de expansão e retração da população humana antes da Revolução Industrial. A armadilha malthusiana, sem a nomenclatura, é um dos processos de *longue durée*: "Somente no século XVIII se quebrarão as fronteiras do impossível, superação de uma plataforma até então inacessível. Depois disso, o número dos homens não cessou de aumentar, não houve mais golpe de parada, de reversão de movimento". Cf. Braudel, Fernand, *La dynamique du capitalisme*, Paris, Arthaud, 1985; Paris, Flamarion, 2014, p. 16.

equilíbrio precário anterior. Períodos de estabilidade improdutiva entre nascidos e mortos, fantasma contra a vontade hospedado nas sociedades arcaicas.

Conceitualmente, a população total será um pouco maior que a antecedente, apoiada no rudimentar aperfeiçoamento das técnicas de produção. Não obstante, a probabilidade de desaparecimento da comunidade permanecerá bem maior que zero. Clark entende que a variável crucial na superação do polimilenar calendário, das origens conhecidas dos seres humanos até o século XIX, concentra-se na inovação tecnológica, sem necessidade de especulações laterais. Antes da Revolução Industrial, que associou sistematicamente a inovação tecnológica à produção, a economia humana incluía-se como caso especial de genérica economia animal, constrangida a não mais do que garantir a sobrevivência de cada família.[24] Durante muitos e muitos séculos a urgência da ameaça mantinha prisioneira a existência dos seres, destituídos de folga para algo a que, de forma transcendente, se pudesse denominar atividade política. A armadilha de Malthus descreve de modo primitivo os solavancos da estagnação improdutiva e a imutabilidade dos parâmetros essenciais em que as comunidades se reproduziam.

Procedimento natural em sua profissão, as robustas relações que o economista Gregory Clark organiza em favor da hipótese central ignoram condições não econômicas, não tecnológicas, que, ao longo da mesma história, esterilizaram ou incentivaram avanço nas técnicas de produção. Em momentos pósteros à redução populacional, é quase inescapável encontrar em momento antecedente algo interpretável como inovação tecnológica, criando oportunidade ao crescimento populacional que, por sua vez, conduzirá a desastres

---

24. Clark, Gregory, *A Farewell to Alms: A Brief Economic History of the World*, Princeton, Princeton University Press, 2007. Com exatas 377 páginas, é volume provocador desde o título, mas também extremamente sedutor, rigoroso, didático e instrutivo.

ou guerras, gatilhos redutores da população. Mas atribuir a variações tecnológicas não autossustentadas a responsabilidade exclusiva pelo saldo entre nascimentos e mortes abusa de modo inválido do mecanismo de *hysteresis*, isto é, da suposta produção de efeito causal após apreciável intervalo de tempo. À ausência de vacina na infância é válido atribuir a condição de causa primeira de incidências de pólio, anos depois. Ou à formação de nuvens, a precipitação de chuvas. Até mesmo à invenção do hambúrguer, parte da obesidade dos adolescentes norte-americanos, décadas interpostas. Mas a exclusividade atribuída a marginal progresso tecnológico por extravagante explosão de consumo, seguida de iminentes hecatombes, exige plasticidade excessiva da tolerância metodológica.

A inclusão de outras variáveis, como clima, exposição a cataclismos e epidemias, livraria os resultados gerados por modelos computadorizados da suspeita de acidentais artefatos de cálculos. Aceita uma elástica e eterna operação da *hysteresis*, tudo que existe provavelmente acabará associado a tudo, em qualquer universo fechado, sem a indispensável identificação dos elos intermediários levando de tudo a tudo. A radicalidade tecnológica, conquanto elegante, limita a utilidade do modelo para a resolução de problemas distantes da "economia animal", submetida esta à predeterminada armadilha de Malthus.

Abordagem frutífera em interpretações, e exemplar esforço de reconstrução estatística, *The great escape*, de Angus Deaton, recupera a trajetória não apenas dos grandes agregados de nascimento e morte, mas das características básicas das comunidades – saúde, sobrevida, causas de morte, educação.[25] A escapada de que trata Deaton refere-se diretamente à morte por má nutrição e doenças prematuras, tradução da armadilha de Malthus. Cruciais mudanças no número de mortos e na expectativa de vida das populações seguiram-se a

---

25. Deaton, Angus, *The Great Escape: Health, Wealth, and the Origins of Inequality*, Princeton, Princeton University Press, 2013.

descobertas médicas e farmacológicas (tecnológicas), bem como à difusão de higiene pessoal e de cuidados sanitários urbanos. O universo de Deaton é menos determinístico que o cru malthusianismo de Clark. Contudo, uma coincidência relevante entre as conclusões dos dois projetos, com diferentes objetivos, sustenta que "a fuga à doença e à morte prematura só recentemente ocorreu em *todas as partes* do mundo".[26] Especificamente, tal como na investigação de Gregory Clark, a Revolução Industrial proporcionou a boia de resgate da humanidade para a ameaça de desaparecimento, sendo a emergência industrial uma etapa econômica acessível a todas as nações.

A importância da Revolução Industrial é reivindicação habitual de historiadores, mas Clark e Deaton sublinham a dramaticidade do episódio para a viabilidade da aventura humana, ela mesma. Em Clark, pela formulação contemporânea da armadilha de Malthus, e em Deaton, pela introdução da polêmica distributiva. No segundo parágrafo da "Introdução", Deaton abre com taxativa afirmação: "A desigualdade, com frequência, é uma *consequência* do progresso".[27] Não se tratando de relação assimétrica, não surpreende que, à mesma página, três linhas depois, complete-se a hipótese: "Por seu turno, a desigualdade afeta o progresso". E pouco adiante, a explicação de tudo: "Novo conhecimento, novas invenções, novos modos de fazer as coisas são as chaves para o progresso". Paradoxalmente, quanto mais convincentes são as reconstruções estatísticas, em especial a que sugere forte relação entre aumentos percentuais uniformes de renda e aumentos unitários de bem-estar,[28] mais a ausência de exploração sistemática das teses da abertura decepciona. Fiel à tradição cultural anglo-americana, a crítica à injustiça se esgota na observação de que o progresso acentuou a desigualdade

---

26. Ibid., p. 122, grifos do original.
27. Ibid., p. 1, grifos do original.
28. Ibid., p. 21.

nos pontos de partida das nações e das pessoas. Os temas da injustiça, do crescimento da renda e da intervenção política popular irão esperar, valha o truque retórico, por Alexis de Tocqueville, dois séculos *antes*. A ameaça de desaparecimento à espreita da humanidade é perene. A primeira vez que li Jean-Jacques Rousseau surpreendeu-me o critério escolhido para avaliação de governos conforme a predominância ou não do critério da vontade geral: o crescimento da população. Esperava indicadores sofisticados, à altura do contorcionismo argumentativo que assegurava ao monumental superego o direito de formular severas exigências de desempenho público. Desatento, mal informado, mais precisamente, ignorava que, a meio do Iluminismo, a continuidade da espécie humana ainda impressionava por seu destino problemático. O século respirava ansiedade, não obstante o iluminismo de seu espírito, pelo angustiado reconhecimento da fragilidade da espécie. Um pouco antes, em 1748, Montesquieu dedicava o Livro XXIII do *Espírito das leis* às relações entre leis e propagação da espécie. Revistava os antepassados gregos, passando pela crítica pudica aos costumes perdulários e à brutalidade dos romanos no tratamento de povos submetidos, redundando na redução populacional da Europa, e terminando na França de seus dias. De todo o exame histórico, diz ele, "é necessário concluir que a Europa ainda se encontra no estágio de precisar de leis que favoreçam a propagação da espécie humana".[29] A memória da tribo conservava os episódios de dizimação epidêmica de populações, por doença ou guerra, e que governar, em última instância, significava garantir a continuidade da "economia animal", a economia da sobrevivência, livre das oscilações entre "opulência" e desnutrição letal. Escapar, enfim, à constante armadilha de Malthus. Tarefa impossível sem a contribuição de instituições adequadas e, por conseguinte, da

---

29. Cf. Montesquieu, *De l'esprit des lois*, v. II, Paris, Classiques Garnier, 2 v., terminado de imprimir em novembro de 1949, p. 129.

política. A interferência desse universo não totalmente autônomo, a disputa ensejada por conflitos distributivos em busca de soluções não bélicas, ingressa definitivamente na equação de ultrapassagem ao profeta Malthus.

Analisando comparativamente a evolução de sociedades, Jan de Vries recupera informações desagregadas, para regiões e países da Europa, desde um ou dois séculos anteriores à crise que antecede a Revolução Industrial dos séculos XVIII e XIX. No conjunto dos determinantes transparece a importância maiúscula das variações climáticas para comunidades de economia vulnerável e reduzida capacidade defensiva.[30] O frágil equilíbrio entre a capacidade produtiva de subsistência e o tamanho da população dependia da volubilidade da natureza, residência indiferente aos azares de suas criaturas e locadores.

Guerras, clima e doenças, não se distribuindo uniformemente no mundo, atingiam com intensidades distintas as populações espalhadas pela Europa. O Santo Império Romano teve diminuída sua população em 25% entre 1630 e 1640, objeto da crítica de Montesquieu, e a Polônia sofreu aproximadamente destruição semelhante na metade do mesmo século. A guerra sueco-dinamarquesa de 1658-1660 resultou em súbito declínio de 20% da população da Dinamarca. A Península Ibérica, em particular a Espanha, experimentou dramática redução populacional no período e apresentava, no início do século XVIII, cerca de 1 milhão de pessoas abaixo da população calculada para 1590. França, Suíça e Alemanha só conseguiram modesto crescimento em período de 150 anos, perceptível em 1750. De todo modo, "em 1630, a rápida expansão da força de trabalho, que havia sido o principal instrumento de produção crescente e mudança nos preços relativos, não existia mais".[31] Jean-

---

30. Cf. De Vries, Jan, *The Economy of Europe in an Age of Crisis, 1600-1750*, Cambridge, Cambridge University Press, (1976), *digital printing*, 2003, p. 12.
31. Ibid., p. 4.

-Jacques Rousseau e Montesquieu, portanto, escreviam assediados por milenar passado e presente de incerteza sobre o futuro da espécie, relembrada pela ameaçadora estagnação econômica europeia da época. Segundo diagnóstico de De Vries, a estagnação iluminista provocada pela institucionalização do mercantilismo havia dois séculos.[32] Em verdade, De Vries evita a designação genérica de mercantilismo ante a enorme variação regional da prática monárquica de expropriar renda de potenciais empreendedores, com isso "limitando [a diferenciação] da estrutura do mercado, altamente estratificado, das sociedades europeias".[33] Talvez por receio da reversão do consumo, consagrava-se a manutenção de um mercado estável como razão de governo, excelente justificativa, aliás, para a rotina confiscatória absolutista. Conforme De Vries,

a adoção pelo povo dos hábitos de consumo e de vestir, previamente confinados aos ricos, foi vista como sintoma de desordem econômica e moral [...]. Leis contra hábitos suntuários, invariavelmente fúteis, continuaram a ser editadas com o objetivo de obstruir a difusão de usos da classe alta para as classes mais baixas.[34]

Enfim, política de cultivo da estabilidade estagnada, improdutiva, deferente à maldição malthusiana. Embrulhada em disputa de vida ou morte, literalmente, o estímulo à "massificação" de pautas de consumo – origem, no diagnóstico dos privilegiados, de problemas financeiros da administração – entrava não tão discretamente na agenda administrativa nacional.

A grande escapada da burguesia do confisco absolutista aproveitou-se dos resíduos da espoliação do trabalho, fugidos dos confiscos

---
32. Ibid., p. 4-6.
33. Ibid., p. 178.
34. Ibid., p. 178-179.

reais, investindo-os no comércio internacional e na diversificação da produção interna. No modelo heterodoxo de De Vries, a solução para o problema da estagnação econômica, ou seja, da constante armadilha malthusiana, não consistia em descobrir capital novo em algum lugar desconhecido, fora de cada uma das sociedades, crítica à obsessão dos poderes europeus pela descoberta de riquezas no Novo Mundo, mas "preservar e manter produtivo o estoque de capital já existente. Em outras palavras, a maior fraqueza da economia europeia, a ser superada, não era a inadequação do capital, mas o desinvestimento e a dissipação dele".[35] Pouco relevante na hipótese é o registro dos aspectos predatórios para a população comum, trabalhadora, da ambição capitalista, com os mercadores padecendo da moléstia bipolar de fazer crescer o mercado de consumo, de um lado, e, de outro, extremar a taxa de expropriação do trabalho assalariado. Costumes e hábitos estressantes para os nascentes burgueses acumuladores, aflitos pelo comportamento pendular: "quando os salários crescem, os trabalhadores preferem trabalhar menos a comprar mais". A estratégia dos assalariados, indicador do estado de espírito do mercantilismo, se traduzia na reflexão burguesa de que a "escassez do trabalho, elevando substancialmente os salários, produzia diminuição no número de dias trabalhados, com os assalariados observando um número cada vez maior de dias santos".[36] Era a conhecida tragédia da expansão dos gastos com o repetitivo final de retorno a crises, redução de consumo, mortes. Nesse segmento do processo evolutivo, a política provia perdulária assessoria aos governos, em busca de compensar com benesses insustentáveis a antipatia social crescente contra o absolutismo.

Jan de Vries explica a superação da estabilidade improdutiva pelo resultado conjunto da dispersão do consumo e das estratégias de fuga dos capitalistas ao extrativismo do absolutismo político. Todavia, a

---

35. Ibid., p. 213-214.
36. Ibid., p. 179.

tensão entre acumulação de capital e expansão de renda dos assalariados, conspícuo ausente em grande parte da historiografia sobre os antecedentes da Revolução Industrial, imporá suas sombras quando as demandas da massa trabalhadora atropelarem as instituições políticas oligárquicas do século XIX. O novo capítulo das tentativas de escapada da armadilha malthusiana inclui a apresentação de personagens recentes, e se escreve com pormenores sociais e políticos da estabilidade oligárquica improdutiva. Política e economia, pela mão da ciência e da tecnologia, da miséria urbana e do desamparo geral, deverão responder pela democracia, pela não democracia, pelo crescimento econômico, pela estagnação, pelo conflito e pela paz.

Há necessidade de uma observação cautelar, contudo. Menosprezar o passado costuma prefaciar enaltecimentos hiperbólicos do presente. Tenho amigos, não obstante, que se considerariam felizes vivendo entre a metade do século XVII e a metade do XVIII, se providos de anestesia e antibióticos. À parte o humor, essa preferência expressa a relatividade das avaliações sobre a felicidade e, excluídos os eremitas, o subjetivismo de comparações entre contemporâneos. Nem sempre impressões nostálgicas a respeito do passado, quiçá iludidas, representam apenas rejeição ao momento presente, mas exprimem sobretudo expectativa de melhor qualidade de vida no futuro próximo. É recomendável, por conseguinte, recusar o corriqueiro anátema às oligarquias antepassadas, que lhes atribuía nada além de características simetricamente opostas às alegadas qualidades democráticas. Embora os comentários a seguir adotem a hipótese de estagnação política e econômica dos regimes oligárquicos como espécie de tipo ideal weberiano, em comparação a outros períodos, os comentários presumem também que o tipo não os esgota, nem dispensarão, por fúteis, os eventos então sucedidos, de óbvia repercussão positiva no futuro imediato de então.

A Revolução Industrial inglesa e todas as subsequentes ocorreram em contextos políticos oligárquicos, prévios ao surgimento de estridentes reivindicações por participação popular, quer dizer eleitoral.

Entre 1770 e 1820, por exemplo, período opulento em inovações mecânicas e não mecânicas na produção e distribuição econômica, só em anotações historiográficas para consumo de massa, a Inglaterra da época é classificada como país democrático. Transcorre, ao contrário, fase exuberante de domínio oligárquico e invejável capítulo de progresso tecnológico. A máquina a vapor é criada em 1765, o tear mecânico em 1775, a locomotiva em 1804, em 1807 o barco a vapor, todos antes do Primeiro Grande Ato da Reforma (1832), que diminuiu o requisito de renda para exercício do direito de voto. E entre o Primeiro e o Segundo Ato da Reforma, que é de 1867, inventam-se o código chamado Morse e o telégrafo, em 1835, a luz incandescente (1854), o motor de combustão (1858), o motor a gás (1859) e, pouco mais de uma década depois do Segundo Ato, a primeira locomotiva e lâmpadas elétricas, em 1879. A lista é modesta, parcela de transformações ambiciosas no mundo da produção e da vida material, mas suficiente para coibir exageros na avaliação negativa das oligarquias, longe de obedecer a figurino inapelavelmente obscurantista.

Se a superfície da vida política parecia pachorrenta, tendo por premissa de conservadores e a maioria dos progressistas o repúdio à Revolução Francesa, o burburinho social e político, assim como os grandes deslocamentos econômicos – da área rural para a urbana e do setor primário da economia para o secundário –, prosseguiria gerando importantes consequências até o ingresso da ilha na I Guerra Mundial, na primeira metade do século XX. Um século de inovações derivadas da substituição da energia mecânica pela energia fóssil afiançou a escalada transcendente à armadilha malthusiana. Evitando polêmica paralela, fica entre parênteses a hipótese de que a atual e delirante expansão do consumo e reprodução incontrolada da espécie ultrapassou a fronteira de segurança da humanidade, pronta a reingressar no estágio de epidemias, guerras e esgotamento dos recursos naturais, gestando grandes dúvidas sobre sua capacidade de sobrevivência. Agora a metáfora da grande escapada foi substituída pela da grande aposta sobre a probabilidade de que, outra vez, a tecnologia resgate a espécie da ameaça de desaparecimento. Lembrete em absoluto pertinente sobre pormenor muitas vezes esquecido em levantamentos sobre o extraordinário e inegável progresso material da humanidade: a armadilha de Malthus ainda constitui a realidade cotidiana da maioria dos habitantes do planeta.

Estando a Revolução Industrial a pleno vapor, literalmente, em meio ao século XIX, restava obscura a razão ontológica da brilhante etapa econômica da humanidade: rompera-se o grilhão da economia orgânica que por milênios deixara a espécie ao sabor de aleatoriedades absolutamente selvagens. A economia dependera até então da energia animal, gerada pela agricultura. Homens e animais domesticados trabalhavam a terra, que, pela transformação da energia solar armazenada, produzia os vegetais que os mantinham vivos. O processo de fotossíntese, tornando a energia solar "comestível", era, todavia, ineficiente, exigindo vastas extensões de terra para sustentar o crescimento populacional. O consumo de energia no trabalho, de homens e animais, equivalia a parte considerável do acréscimo de energia gerado. Inovações tecnológicas relativas a instrumentos de trabalho e rotatividade das culturas aumentavam minimamente a capacidade produtiva do trabalho, sempre com limites severos. "Sugiro que uma condição necessária para escapar dos constrangimentos de uma economia orgânica foi o sucesso no acesso a uma fonte de energia não sujeita às limitações do ciclo anual de saturação solar e da natureza da fotossíntese vegetal", tese esplendidamente desenvolvida por E. A. Wrigley, estabelecendo o fundamento biológico do impacto do carvão na Revolução Industrial.[37] A armadilha de Malthus finca a fronteira ontológica das economias orgânicas.

---

37. "A Revolução Industrial é fisicamente impossível sem acesso a energia em escala que não existe e nem pode ser assegurada em economias orgânicas". Cf. Wrigley, E. A., *Energy and The English Industrial Revolution*, Cambridge, Cambridge University Press, 2010, p. 193. O volume adiciona hipótese original e brilhante às explicações sobre quando, como e, em especial, por que foi bem-sucedida a transformação inglesa.

Gradativamente, exemplo de equilíbrio descontínuo, o uso do carvão fóssil para a produção de energia se difunde, a partir do século XVI, por toda a economia inglesa, estimulando as invenções que se sucedem, e ao mesmo tempo delas se apropriando. Sem rupturas violentas, a transcendente transformação da economia orgânica em economia fóssil liberou a humanidade do exclusivismo da fotossíntese. Wrigley, nada míope em relação aos aspectos não tecnológicos da evolução, observa que a potência produtiva das sociedades industriais criava a perspectiva de extinção universal da miséria, mas que se "o potencial para tal mudança existia, realizá-la comprovou-se toda uma outra questão".[38] Dilema que dura dois séculos, sem perspectiva de solução.

O sistema oligárquico ajusta-se à perfeição à economia orgânica. Ou melhor, sistemas de democracia representativa são incompatíveis com economias orgânicas. Os recursos materiais exigidos para superá-la, fundamentalmente a terra, quando privatizados, tornam a ordem política oligárquica quase inexpugnável. Revoltas de tempos em tempos são sobrepujadas com inusitada violência, sem legar mais do que lembranças heroicas. A literatura fantástica latino-americana em parte representa a transfiguração estética de fracassos anunciados. Sim, democracias representativas exigem a multiplicação de artesãos nelas interessados, e estes são criaturas das sociedades industriais, não das anteriores. Depois da I Guerra Mundial e antes da Segunda, com escritórios iluminados, transportes satisfatórios e vestindo tecidos fabris, já com anestesia, conquanto sem antibióticos, a Inglaterra aboliu totalmente o censo econômico na qualificação eleitoral e garantiu às mulheres o direito de voto, duas das regras essenciais que discriminam, ontologicamente, os sistemas oligárquicos dos democráticos. Há dupla distinção entre a marcha modorrenta oligárquica e o acelerado democrático da história. A primeira acentua o hiato temporal entre modificações

---

38. Ibid., p. 208.

na estrutura, nas relações de produção, e suas reverberações políticas, pela mediação da *virtù* das instituições e seus operadores. As organizações oligárquicas registram tardiamente o cupim da obsolescência que as transformações na infraestrutura da sociedade injetam na engenharia de governo, provocando conflitos quando a pressão pela modernização institucional explode.

A outra distinção, parcial decorrência desse hiato, contabiliza custos mais toleráveis de adaptação institucional nas democracias do que em oligarquias representativas. Os interesses responsáveis pela rotina oligárquica não dispõem da flexibilidade dos capitais mercantis e industriais para alterar decisões de investimento. Abandonar um ramo de negócios e estrear em outro exige mirabolante substituição de padrão de riscos e de *expertise*, com elevada probabilidade de insucesso. Um criador de gado não se converte em cafeicultor incomodado pelo prejuízo no tempo das vacas magras, invejando a cotação favorável do preço internacional do café. A conhecida intolerância do conservadorismo rural se nutre de fundado ceticismo sobre a própria capacidade de adaptação empresarial. É, antes, uma fatalidade defensiva do que uma estratégia futurológica, e por isso são passadistas, mais do que por opção de livre-arbítrio. Constam da história da difusão universal do capitalismo os confrontos entre as generalizadas demandas de uma sociedade que se industrializa e a dura resistência dos poderes embutidos nas relações oligárquicas, sobretudo as de origem rural. No Brasil, nem a revolução contra a oligarquia política, em 1930, dispensou a colaboração da oligarquia econômica, embora sob a compulsão de uma ditadura civil.

Além das crises que antecederam a demorada extensão do direito de voto a mulheres e operários, novidades ameaçadoras, tais como sindicatos e greves, ocupações de fábricas e destruição de maquinaria, tingiram de vermelho a inevitável substituição das forças policiais, capangas, surras e sequestros encomendados pelas juntas de arbitragem, conciliação de trabalho e extensa reforma legal. A linguagem, evocativa daquele período histórico brasileiro, teve seus equivalentes idiomáticos na obrigatória passagem de uma formação econômica a outra, em todos os países. Com certeza a instabilidade produtiva das democracias representativas não prevaleceu mediante regulares debates racionais e discursos argumentativos, excluídas irrupções de truculência. Mais raros, fora das temporadas de grandes crises da economia, têm sido os conflitos entre o capital e o trabalho que alcançaram a generalidade e a violência dos entreveros característicos das sociedades oligárquicas em transição. Impressiona o silêncio com que eruditos historiadores econômicos, capazes de esmiuçar os mínimos entreveros entre empresários e agentes de governo, omitem o vociferante parceiro da produção, o assalariado.

A modernidade econômica, com alicerces em fósseis, não extinguiu as razões do conflito, mesmo porque os determinantes do dinamismo capitalista não se modificaram substancialmente. Em meio à década de 1930, Martins Fontes descreveu, no Brasil, o que viria a se denominar, na economia mundial da década de 1950, efeito demonstração. Simples e sinteticamente, ele remete ao impulso que entusiasma as populações das sociedades industriais, relativamente atrasadas, em direção aos padrões de produção e consumo das mais evoluídas. A mesma inclinação que irritava os comerciantes renascentistas com o aumento da renda dos assalariados: copiar padrões de consumo ou reduzir a disposição para o trabalho disciplinado.

O adjetivo "evoluídas" exprime não mais do que a concepção de que as grandes coletividades nacionais se desenvolveram dentro dos limites de variação do mesmo DNA, da mesma matriz. Em tese, a semelhança fenotípica entre elas aumentaria à medida que as subdesenvolvidas, outro termo semanticamente controverso, adotassem as estratégias outrora seguidas pelas desenvolvidas. Embora contingentemente razoável na escala macroscópica das sociedades, a suposição de convergência material, no devido tempo, falha na previsibilidade das interações microscópicas, escala em que operam as pessoas reais.

A interpretação dogmática do mimetismo civilizatório tem submetido decisões políticas internas à pressão dos conservadores, quase sempre com o embuçado apoio dos negócios internacionais. Agências de fomento e de avaliação coincidem na ênfase prioritária posta sobre o critério da renda *per capita*, ou familiar *per capita*, sem atentar para os mecanismos distributivos, as peculiaridades dos circuitos econômicos e, em especial, para o tecido de relações sociais e políticas em que estão embebidas as transações e os indicadores econômicos. Talvez seja oportuno observar que a reivindicação devida a Karl Polanyi, de que a economia existe embebida naquelas relações, não promete que delas se libertará por artes de sofisticados economistas, apesar da utopia que cultivam. E a interpenetração entre a economia e as demais instituições humanas é universal, isto é, caracteriza as sociedades mais adiantadas tanto quanto as menos desenvolvidas. Os conflitos reais não se devem a técnicas alternativas de produção, somente sendo intensificados pela oposição ou defesa dos padrões correntes de distribuição do produto. A oscilação entre cooperação e conflito intrínseca à acumulação capitalista está presente nas primeiras sociedades industriais, nas de desenvolvimento posterior, e, nestas, adquire feições especiais na transição de sistemas oligárquicos representativos para sistemas democráticos representativos. Ambos pertencem à mesma floração representativa, dispondo, entretanto, de processos evolutivos e críticos bastante peculiares. Cautelosa analogia com modelo de transmutação biológica ilustra as operações transformadoras nas sociedades modernas.

Variar dentro do mesmo molde de DNA, havendo mutação de unidade morfológica quando os limites são rompidos, é uma formulação plausível para o princípio de equilíbrio descontínuo.[39] As

---

[39]. Equilíbrio descontínuo é conceito adaptado de *punctuated equilibrium*, elaborado por Gould e Eldredge, para a diferenciação de espécies. Tenho encontrado várias analogias apropriadas em processos sociais, e justo apontei a mudança da economia orgânica para a economia fóssil na Revolução Industrial. Para informação, consultar: Eldredge, Niles, *Time Frames: The Rethinking of Darwinian Evolution and the Theory of Punctuated Equilibrium*, Nova York, Simon&Schuster, 1985; Gould, Stephen Jay, *Punctuated Equilibrium*, Massachussets, Harvard University Press, 2007.

variações entre exemplares da mesma espécie materializam parte do estoque de futuros possíveis, cuja amplitude total de diversificação da mesma entidade, espécie biológica ou sociedade se desconhece. Desconhecido igualmente é o exato ponto de variação que ultrapassa fronteiras e transforma o exemplar de uma espécie em outra espécie. Não há necessidade de erupções violentas, apesar de elas terem sido frequentes nas instaurações absolutistas e na transição destas, com base agrária, para as sociedades de bases industriais. Todavia, a transição econômica inglesa processou-se, do ponto de vista político, segundo o mesmo ritmo da transição econômica, gradualmente. Na França do século XVIII, como no Brasil do século XX, a transição política, ao contrário da econômica, exigiu extensa plástica institucional. As novas espécies de sociedade mantêm semelhanças importantes em relação às anteriores, mesmo quando a fenomenologia da mudança é revolucionária. Jean de Vries considerou impróprio designar como "mercantilistas" sociedades que lhe pareceram profundamente diferentes. Seria por igual impróprio, contudo, desprezar a irmandade de floradas diferentes de uma mesma espécie. Embora com menor radicalidade, cautela metodológica recomenda o mesmo cuidado em referência às sociedades oligárquicas, em especial quando o contexto histórico em que surgem e se transformam raramente é o mesmo.

CAPÍTULO 4

A sucessão da oligarquia pela competição eleitoral

Entendo como ponto de ruptura de sistemas oligárquicos representativos aquele em que se somam a universalização do voto, o comparecimento eleitoral superior a 50% como proporção da população (ou do eleitorado), e nos quais a competição eleitoral está, nos sistemas majoritários e nos proporcionais, necessariamente acima de zero. Isto é, em que existe efetiva competição. Explico mediante simples avaliação, que, todavia, tomou décadas para ser alcançada, e utilizo medida de fácil compreensão, conceitualmente apropriada, que assim formulei: o ponto zero da competição se dá quando $(N/2M) - 1 = 0$, ou seja, quando o número total de candidatos (N) dividido pelo dobro da magnitude da representação (número de lugares em disputa), menos a unidade, é igual a zero. Com tal condição se obtém o valor mínimo do índice, a saber, aquele em que a competição ocorre entre não mais de dois candidatos disputando cada vaga.[40] Por exemplo, nas eleições brasileiras para

---

40. Quando são dois lugares em disputa, o denominador deve ser 4 (2M = 2 × 2) e o numerador, número de candidatos (N) também 4, e obtemos o valor zero do índice. Alternativamente, pode-se desprezar a diminuição de uma unidade (que indica, conceitualmente, a retirada de um conjunto total de lugares do valor da proporção obtida, e, nesse caso, o valor mínimo de competitividade torna-se igual a 1. Originalmente, o índice foi apresentado em "Da oligarquia à poliarquia: competição eleitoral e processos 'não encarceráveis'", Rio de Janeiro, Iuperj, Série Estudos n. 95, 1995, com várias derivações relevantes para competições em eleições proporcionais. Este é outro exemplo de transição conforme processo de equilíbrio descontínuo.

prefeitos, em 2016, em 2.260 dos mais de 5 mil municípios, só houve dois candidatos disputando; portanto, grau zero de competitividade. Menos de dois candidatos, obviamente, indicaria ausência de competição, com o candidato único proclamado antes de eleito. Essa possibilidade de aparente negação da ideia de concorrência está prevista pela legislação e na verdade materializou-se em 99 municípios, segundo informações cadastradas pelo Tribunal Superior Eleitoral (TSE). Julgando com severidade, cabe registrar que em quase metade (50%) das prefeituras do país o ocupante não enfrentou competição modernamente considerada. Vale a pena lembrar que em eleições para as câmaras, com sistema eleitoral distrital majoritário, ocorre praticamente o mesmo: cada distrito elege um representante entre dois concorrentes, e às vezes com um só candidato.

Em eleições subcompetitivas para os legislativos, nos quais a magnitude da representação (número de lugares a serem ocupadas) é bem maior que duas vagas, o valor inferior à unidade indica que o número total de candidatos, em sistemas proporcionais, é inferior ao dobro dos lugares, e não ao do número real de vagas. Por exemplo, em assembleia de 10 lugares, o grau inicial de competitividade, a mínima, contaria com 20 candidatos. Não é impossível, é até provável, que em comunidades de baixa competitividade o índice obtenha valor inferior a um. No exemplo, se o número de candidatos fosse 15, a aplicação da fórmula (15/20) apontaria um índice de 0,75, inferior à unidade. Isso não quer dizer que não houve candidatos para todas as vagas, mas que nem todas as vagas foram disputadas por um mínimo de dois candidatos.

No Brasil, as informações relevantes indicam que, desde 1994, o eleitorado ultrapassou a marca de 50% da população em todas as cinco regiões do país. Ademais, é a partir dos mesmos pleitos que desaparecem as eleições subcompetitivas, as de competitividade zero e as quase competitivas em todas as unidades da federação. Finalmente, desde as eleições subsequentes, as de 1998, todas foram sempre altamente competitivas em todas as unidades, exceto em

Tocantins, recém-elevado à condição de estado federado. A duas tabelas a seguir fornecem os números apropriados.

TABELA 1

Eleitorado como proporção da população, por região (1945-2006)

Regiões	1945	1962	1982	1994	1998	2002	2006
Norte	12,9	22,6	39,1	53,3	59,8	59,2	61,1
Nordeste	11,6	21,0	41,9	57,3	63,8	64,9	67,55
Sudeste	19,7	28,2	50,6	64,4	70,2	70,0	70,83
Sul	18,4	26,0	54,4	66,4	71,2	71,0	71,32
Centro-Oeste	11,1	23,7	56,2	60,8	66,6	69,0	69,37
Brasil	16,2	25,2	48,3	61,6	67,5	67,8	69,11

Fontes: TSE, TREs. Elaboração: Leex.

Em sistemas distritais uninominais, como foi mencionado, o valor de subcompetitividade significa que em alguns distritos só há um "concorrente". Até eleições recentes, era relativamente alto o número de distritos uninominais ingleses, nos quais só uma legenda apresentava candidato, considerados pelos políticos distritos cativos, de vitória certa de um dos partidos. Em investigação sobre as eleições para a Câmara Federal e as assembleias estaduais no Brasil, de 1945 a 2006, calculei o índice de competitividade parlamentar para ambos os níveis, estado a estado, ano a ano, base para a construção da tabela 2. Com a universalização do voto, pela inclusão dos analfabetos, em 1978, é possível agora averiguar a relação entre universalização do voto, comparecimento eleitoral e índices de competitividade.[41]

---

41. Santos, Wanderley Guilherme dos, *Governabilidade e democracia natural*, Rio de Janeiro, Editora da FGV, 2007, p. 49-50; a medida utilizada foi N/2M.

TABELA 2

Distribuição das eleições parlamentares por classe de competitividade
Câmara dos Deputados, Brasil (1945-2006)

Ano	Comp. negativa (subcompetitividade)	Comp. zero	Comp. quase-zero	Quase-competitivas
1945	—	1	—	3
1950	2	2	1	11
1954	6	—	3	10
1958	3	3	1	13
1962	5	1	3	10
	11	—	3	11
1970	8	4	1	11
1974	11	3	4	6
1978	1	4	5	11
1982	—	2	1	12
1986	1	1	1	7
1990	—	—	—	2
1994	—	—	—	—
1998	—	—	—	1
2002	—	—	—	—
2006	—	—	—	—

Fontes: TSE, TREs. Elaboração: Leex.

A sucessão da oligarquia pela competição eleitoral

Total não compe-titivas	Baixa competitividade	Alta competitividade	Total competititvas	Total geral
4	1	17	18	22
16	6	3	9	25
19	4	2	6	25
20	3	2	5	25
19	5	1	6	25
25	—	—	0	25
24	—	1	1	25
24	1	—	1	25
21	4	—	4	25
15	6	4	10	25
10	8	8	16	26
2	—	25	25	27
0	4	23	27	27
1	—	26	26	27
0	1	26	27	27
0	—	27	27	27

Parece sensato supor que, quanto mais eleitoralmente competitivas, maior o número de oportunidades para a emergência de crises políticas em sociedades de democracia representativa. Ao contrário, e salvo engano, a maior parte das transições econômicas da oligarquia orgânica à democracia fóssil ocorreu segundo o padrão de equilíbrio descontínuo, sem rupturas institucionais. Em razão de um acaso histórico, embora de transcendente importância – padrões diferentes de transição econômica e política –, cristalizou-se equivocado intercâmbio semântico entre os conceitos de oligarquia, como se se tratasse de uma democracia subdesenvolvida, e o de democracia, como forma amadurecida de oligarquia ampliada.

Países na fronteira do crescimento econômico e na vanguarda da invenção tecnológica, desde o início do século XIX inglês, não tinham a quem imitar, por definição do conceito de vanguarda, diante de um baralho de opções cujos desdobramentos ignoravam. São eles que irão fabricar exemplos, arriscando-se em escolhas estratégicas baseadas em informação incompleta. É dispensável introduzir o perturbador ingrediente da inovação econômica, social e política, capaz de alterar de modo relevante a configuração das crises. A essa variável totalmente independente, que é o horizonte de opções, se soma a distorção seletiva ocasionada pela interferência dos grupos de interesse. Vale dizer, nem mesmo o conhecimento probabilisticamente provável transforma-se em fator especial nas deliberações da grande política, dotando-a de pura racionalidade. O mundo da política, em si, é incognoscível, quanto maior for o conjunto de opções de futuro. Pois bem, compensando a desvantagem das pressões para a imitação, nem sempre apropriadas ou oportunas, os países atrasados dispõem de amplo espectro de escolhas e de informação menos incompleta sobre o que pode ser bem-sucedido e o que provavelmente fracassará. Escolhas estratégicas anteriores dos líderes econômicos aconselham o abandono de algumas sendas e indicam a potencialidade de outras, informações adicionadas à capacidade nacional autônoma de inovação. Não obstante, subsiste a fragilidade operacional do conceito de efeito demonstração em prever consequências diversas ao se modificarem as variáveis nacionais intervenientes. O elemento internacional, longe de introduzir clareza na rede de causalidades das sociedades particulares, aumenta o número de variáveis a interagir de maneira pouco transparente.

A segunda falha do efeito demonstração, se aplicado de modo automático, consiste na impotência conceitual de antecipar diferentes curvas de distribuição dos bens e valores sociais, todas compatíveis com o sistema capitalista, ainda que, quase certamente, implicando taxas diferenciadas de crescimento, padrões distintos de divisão social do trabalho e, naturalmente, morfologias organizacionais peculiares. A distribuição universal do conceito não é acompanhada por indiscutível precisão substantiva. Percursos de desenvolvimento distintos entre si do ponto de vista fenomenológico são legitimamente compatíveis com o descritor "efeito demonstração". As emanações capitalistas requerem plataforma intelectual flexível, ajustada à variedade das experiências nacionais, inexistente na geografia metodológica da noção de efeito demonstração.

Não obstante, o conceito repercutiu nas teorias da "modernização" traduzido pela hipótese de expectativas crescentes de ascensão social, deflagradas pelo crescimento econômico. Enquanto na maior parte do período oligárquico a psicologia conformista das classes subordinadas se exauria no sentimento de inveja ou de pretenso desdém, próprio de estruturas em que os bens disponíveis à classe alta estão muito além da capacidade de obtê-los pelos de baixo, os bens produzidos em grande escala nas sociedades de capitalismo industrial são acessíveis, por princípio ideológico, ou seja, democratizáveis. O mito dos milionários que começaram a vida vendendo saco de pipoca nos cruzamentos de avenidas estimula o esforço produtivo dos indivíduos, mesmo – e isso é fundamental – quando reconhecem que não enriquecerão, dispendam ou não o máximo esforço de que são capazes. Serve o mito, contudo, para sustentar a crença positiva de que o presente estágio de vida é ultrapassável, e de que o posto mais elevado na ascensão de cada um só será conhecido, e o aguarda, ao final da competição. Em cenário livre de impedimentos circunstanciais, a escalada de degraus superiores convida a tentativas ousadas, aumentando o fascínio das posições de topo na pirâmide de renda e de prestígio. É a denominada revolução das expectativas crescentes, precocemente desacreditada pela literatura comparada. O desprestígio das teorias da modernização, pelo insucesso do desfecho prometido – sóbrias e sólidas democracias –, provocou o abandono de oportunas hipóteses particulares.

O móvel efetivo do comportamento humano não se contém na esperança defensiva de resguardar o atual *status quo*, mas de emular competidores. O caráter quase universal da motivação desanima prever o resultado combinado de milhares de egos competitivos que se expressa, a cada rodada, no perfil da distribuição de renda e prestígio. É verificável que, em condições de crescimento econômico, com aumento consistente na quantidade de produtos, o sucesso na escalada não satisfaz a ambição de progresso individual, antes a torna mais insistente. Não fosse o mito um mito, e a expectativa de ascensão só desapareceria com a total falência da capacidade física e mental do desempenho, imposta pelo tempo. Bem antes, contudo, na incontável maioria das trajetórias humanas, as pessoas comuns percebem haver atingido o máximo a que realisticamente lhes é razoável aspirar. Há de ser contabilizada, entretanto, a reserva de frustração, quando não de ressentimento, ante a percepção de que entraves não naturais obstruíram a posição que lhes caberia, não ocorresse distorção da trajetória individual. Inevitável, em consequência, a reflexão sobre em que ou quem ancorar a responsabilidade pelo transtorno da vida, curiosidade a ser sanada sem prazo ou urgência, mas de coceira frequente ao término de um arco-íris de desejos insatisfeitos.

Cálculo sugerido por Angus Deaton indicou possível existência de proporção assimétrica e constante na variação de renda e no sentimento de bem-estar ou felicidade: a cada quádruplo de aumento na renda corresponderia acréscimo de uma unidade no sentimento de bem-estar.[42] É certo que copiosa bibliografia enriquece o debate sobre a definição e a medida de bem-estar e, no caso, os meandros na construção da escala de felicidade. Combates acadêmicos de alta virulência, sem armistício previsível, disputam, segundo uns, a impossibilidade de comparações intersubjetivas – espécie de tradução, na gramática da satisfação econômica, da trégua estética obtida pela tese de que "Quem ama o feio bonito lhe parece". A salvo da querela, suponho, a hipótese de que as exigências para progredir em padrão de consumo incluem um múltiplo da renda atual, eventualmente fora de alcance, não obriga a cálculos sofisticados ou conferências intersubjetivas. Investigar se, na ascensão, o encontro de intransponível gargalo decorre de insuficiência de mérito ou corresponde a deliberadas intromissões descartáveis constitui dúvida existencial da mais absoluta dignidade.

Anotações sobre adequação do estado da subjetividade individual aos sucessos de sua existência são absolutamente pertinentes, matrizes da compulsória inserção de cada um na trama social. Não há experiência humana inútil ou desperdiçada. Aproveitar a oportunidade para aprimoramento pessoal pertence à ordem inescapável do acúmulo de experiências. É possível aproveitá-la mal, mas não obliterar a experiência vivida. Há uma nuance a ser introduzida na inflação das expectativas, tornando-a, em definitivo, fonte de esforço economicamente produtivo e incentivo de um *quantum* de agressividade política. Não é somente a pauta de consumo desejável que se multiplica por efeito demonstração; em especial, altera-se a velocidade com que se pretende esgotá-la.[43] Existe uma compressão do futuro no tempo social, forçando aceleração no cálculo dos indivíduos e elevando a taxa temporal de desconto com que negociam

---

42. Cf. Deaton, op. cit., p. 21, figura 2.
43. Kurlantzick trata argutamente desse aspecto. Ver Kurlantzick, op. cit., p. 170-172.

adiamentos na conquista de metas materiais. Em modelo ideal, altamente simplificado, espera-se que a diferença entre o consumo da classe A, de ricos, e o da classe B, de pobres, no início do processo, seja necessariamente inferior à diferença entre ambos ao final da rodada distributiva. Em simbologia simples: a razão entre a'/a (a proporção de aumento dos ricos) deve ser inferior à proporção da dos pobres, b'/b. Evidentemente, progresso econômico com viés equalizador de bem-estar exige alteração das condições definidas pela equação de Deaton, ou seja, o aumento da renda dos pobres precisa ser suficientemente generoso para que a similaridade na pauta de consumo seja objetivo factível. Realisticamente, este é um padrão normativo regulador, não o futuro ordinário em sociedades capitalistas. Mais frequente do que o oposto, o desencanto com a estação final da trajetória acompanha a exclusão do processo produtivo e, por consequência, da escada comum de progresso. A penalidade imposta pelo tempo à sonhada exuberância existencial ultrapassa largamente ocasionais recompensas marginais de renda.

A igualdade, no capitalismo, é um ponto de fuga. Mas é o horizonte da mobilização dos assalariados, o termo comparativo nas negociações com o capital. E não apenas em relação ao conteúdo das respectivas pautas, porém em período mais breve do que o previamente necessário para alcançar b', partindo de b. Não obstante o otimismo de analistas com as conquistas reais da humanidade, elas não favorecem todas as classes por igual. Na maior parte do mundo, os pobres continuam presos na armadilha malthusiana, e, em várias nações, a ideia mesma de um inquérito sobre bem-estar e felicidade constitui anedota de mórbido humor. São claras as consequências dessa dinâmica no contexto político da democracia representativa.[44]

A hipótese das expectativas crescentes em mudanças estruturais da sociedade recupera o processo registrado por argutos observadores

---

44. Discussão mais detida dos processos comparativos de progresso econômico está em Santos, *Horizonte do desejo*, op. cit, cap. 7.

de antanho. Aqui se encontram Angus Deaton e Jan de Vries, entre outros, com Alexis de Tocqueville. Publicada em 1835, a primeira *Memória sobre o pauperismo* reconhece, com Jean-Jacques Rousseau, notória inspiração da memória, o seguinte – e a citação será longa:

> Enquanto os homens eram errantes e caçadores, a desigualdade não conseguiu se introduzir entre eles de forma permanente [...]. Mas a partir do instante em que a propriedade fundiária se tornou conhecida, [...] desde esse momento viram-se indivíduos reunir em suas mãos muito mais terra do que o necessário para se alimentar e perpetuar a propriedade nas mãos de sua posteridade. Daí o surgimento do supérfluo; com o supérfluo, nasce o gosto por prazeres, além da satisfação das necessidades mais grosseiras da natureza física.[45]

Eis, finalmente, a exposição da armadilha de Malthus, armadilha que é o capricho seletivo da idade da acumulação privada.

Jean-Jacques Rousseau está presente em todo o esquema da *Memória*, mas não testemunhou, como Tocqueville, os estágios iniciais da civilização capitalista industrial, que ele, Tocqueville, denomina sociedades fabris. Na sociedade pré-mercantil prevalece o socialismo da pobreza, para usar uma linguagem contemporânea. Mas já no século XII, "a população era dividida em duas classes: de um lado, aqueles que cultivavam o solo sem o possuir; de outro, aqueles que o possuíam sem o cultivar".[46] Com o tempo, os proprietários de terra desenvolvem novos desejos, bem assim como os trabalhadores anseiam por melhores casas e alimentação. O abandono rural é paulatino e constante.

> Um grande número de pessoas que viviam sobre a terra e da terra deixa os campos e encontra meios de subsistir trabalhando para satisfazer as novas necessidades que se manifestam. [...] Ao lado daqueles que vivem

---

45. Utilizo exemplar das Editions Allia, Paris, 2001, p. 11-12.
46. Ibid., p. 15.

dos produtos do solo, sem trabalhar, cria-se uma classe numerosa que vive trabalhando para si mesma, mas sem cultivar o solo.[47]

No final, Tocquevile oferece um diagnóstico das sociedades industriais, resultado da especialização do trabalho, da diversificação das pautas de consumo, da incorporação à sociedade dos infortúnios dos ciclos econômicos e da expansão da miséria de par com a riqueza.

À medida que o movimento atual da civilização continue, ver-se-ão crescer os prazeres de grande número; a sociedade aperfeiçoar-se-á, mais sábia; a existência será mais leve, mais doce, mais ornamentada, mais longa; porém, ao mesmo tempo, saibamos prevê-lo, o número daqueles com necessidade de recorrer à ajuda de seus semelhantes para recolher a mínima parte de seus bens, o número desses crescerá sem cessar. Será possível administrar esse duplo movimento: as circunstâncias particulares dos diferentes povos precipitarão ou reduzirão a velocidade de seu curso, mas não é dado a ninguém paralisá-lo.[48]

Assim termina a primeira parte da primeira *Memória*, introdução ao projeto de seguridade social, apresentado na segunda parte.

A moldura dos conflitos das sociedades industriais será mais rebuscada e apropriada às sociedades modernas em estudo posterior. O esqueleto das comunidades vivas assombra as descrições de Tocqueville. Em prefácio ao extraordinário volume sobre o *Antigo Regime e a Revolução Francesa*, de 1856, Alexis de Tocqueville estabelece a fonte original das transformações cujo desenlace será a derrubada revolucionária da aristocracia. A compreensão do alcance da hipótese para a compreensão das sociedades dos séculos XX e XXI justifica a longa transcrição:

---

47. Ibid., p. 17.
48. Ibid., p. 24-25.

Na comunidade em que os laços de família, de casta, de classe, e as irmandades de artesãos não mais existem, as pessoas ficam muito mais dispostas a pensar exclusivamente sobre seus próprios interesses, a se tornarem egoísticas, praticando um individualismo estreito, sem qualquer preocupação com o bem público [...]. Desde que em tais comunidades nada é estável, cada pessoa é perseguida pelo temor de afundar para nível social inferior e pela insanável pressão para melhorar sua posição. E desde que o dinheiro se transformou não apenas na única métrica de status social e adquiriu extrema mobilidade – quer dizer, trocando incessantemente de mãos, elevando ou rebaixando o prestígio de indivíduos e famílias –, todos estão febrilmente empenhados em acumular dinheiro ou, se já rico, a manter sua fortuna intacta. Amor pelo ganho, atração pela carreira dos negócios, o desejo de ficar rico a qualquer custo, um ansiar por conforto material e facilidade de vida rapidamente se tornam as paixões predominantes sob governos despóticos. Elas afetam todas as classes, mesmo aquelas que até então pareciam alérgicas a tais paixões, e tendem a deteriorar os padrões morais da nação como um todo, se nenhum esforço é realizado no sentido de conter o seu crescimento.[49]

A descrição exasperada de 1856 condensa as reações registradas em *A democracia na América*, de quase duas décadas antes. Admirando a descentralização administrativa norte-americana e as associações voluntárias locais, Tocqueville nelas vê eficiente modo de preservação da liberdade individual contra a opressão da maioria. No primeiro capítulo da parte II, ele adverte que, "em todo lugar em que o povo reina, é a maioria que governa em nome do povo", complementando no capítulo VI: "a vantagem real do governo democrático não é garantir o interesse de todos, mas proteger os interesses do grande número". Enfaticamente, dirá, no capítulo VI:

---

49. Tocqueville, Alexis de, *The Old Regime and the French Revolution*, Nova York, Doubleday, Anchor Books, 1955, p. xiii da edição citada.

"Considero ímpia e detestável a máxima segundo a qual, em matéria de governo, a maioria tem o direito de fazer tudo". E, a seguir, no mesmo capítulo: "Assim, quando vejo concederem o direito e a faculdade de tudo fazer a uma potência qualquer, que se chame povo ou rei, democracia ou aristocracia, e que seja exercido em monarquia ou república, digo: eis o germe da tirania".[50] O fascínio pela democracia comunga com permanente temor de que o anonimato do governo das massas deprima a individualidade, uniformizando e, em consequência, embrutecendo a população. Legislação enviesada pela maioria imposta a todos extinguiria a diversidade, fonte da riqueza cultural da humanidade. Desde o início, a tensão entre a promessa da igualdade democrática e o potencial de reivindicação econômica foi registrada por alguns analistas do século XIX.

Às mesmas causas correspondem os mesmos efeitos, escreverá Wilhelm von Humbolt em *Os limites da ação do Estado*, preocupação comum a John Stuart Mill, em ensaio de 1859, "On liberty", que reivindica para as minorias o privilégio da criatividade, da inovação e, em última análise, do progresso. Para o século XIX, grande número de eleitores era um só motor, politicamente, por isso o temor da uniformização das ações governamentais. Antes de azedar o humor do fim do século XX, a tradição demofóbica se manifestará no início do século, entre outros, em *La rebelión de las massas*, de José Ortega y Gasset, já aí declaradamente incomodado com a invasão popular de sítios antes frequentados pelos ricos de espírito e de contas bancárias. A conclusão do processo democratizante, estimulando a perspectiva de igualdade, alimenta "em seu mais alto grau o sentimento de inveja no coração humano, [...] despertam e incham a paixão pela igualdade, sem poder jamais satisfazê-la".[51]

---

50. Todas as referências seguem a edição da Gallimard: Tocqueville, A. de, *De la démocratie en Amérique*, Paris, Gallimard, Collection Folio-Histoire, 1986.
51. Ibid., v. 2, p. 300.

O temor se originava em previsão equivocada dos efeitos subsequentes à difusão do direito de voto, lentamente iniciada na Europa. Alexis de Tocqueville se refere explicitamente aos resultados do Primeiro Grande Ato da Reforma inglês, de 1832. Era a isso que denominava eleitorado de massa, quando, depois de quase dobrar, ele alcançou a cifra de aproximadamente 800 mil eleitores, correspondentes ao número de cabeças de casal em todo Reino Unido dispondo de 10 libras anuais de renda. Eles votavam abertamente, sob a vigilância dos proprietários de terra e dos lordes. O voto secreto foi introduzido em 1872, depois do Segundo Grande Ato da Reforma, de 1867. Entre o Primeiro e Segundo Ato da Reforma, aprovou-se, em 1854, o Ato contra o Suborno, e, bem depois do Segundo Ato, em 1883, o Ato contra Práticas Corruptas e Ilegais.[52] Custo histórico a alimentar a argumentação reacionária, a competição democrática escancara a intromissão dos interesses materiais nos processos de escolha e de governo.

Na França, a marcha para a inclusão popular na seleção de governantes deu memorável salto com a universalização do voto, em 1848. Votaram, em abril do mesmo ano, homens adultos no mínimo com 25 anos, oito anos antes da publicação de *O Antigo Regime*, pulando o eleitorado francês da modesta cifra de 240 mil para a avalanche de mais de 9 milhões.[53] Os conservadores foram tomados de um pavor terminal. A eleição do romancista Eugene Sue, anticlerical e socializante, na eleição de abril de 1850, provocou a mobilização de ampla maioria parlamentar contra o voto universal, "princípio de dissolução social" que concedia excessivo poder àquela parte "perigosa das grandes populações aglomeradas", a "multidão vil", na reação de Louis Adolphe Thiers. Sob a inspiração de uma de suas palavras de ordem, "Tudo para o povo, menos o governo", a

---

52. Cf. Machin, Ian, *The Rise of Democracy in Britain, 1830-1918*, Londres, MacMillan, 2001, passim.
53. Cf. Huard, Raymond, *Le suffrage universel en France, 1848-1946*, Paris, Aubier, 1991, passim.

Assembleia francesa aprovou, em 31 de maio de 1850, uma reforma eleitoral cassando, a rigor, o poder do voto popular. Os eleitores foram reduzidos a cerca de 3 milhões, um terço do total anterior à reforma. Foi a essa legislação que Karl Marx chamou de primeiro golpe de Estado da burguesia.[54] O volume é excepcional recuperação da história do sufrágio francês. Embora a precisão dos números seja duvidosa, a magnitude real da diferença era certamente sensível, radicalizando, em 1856, os juízos de Tocqueville anteriormente transcritos. Em Humboldt, Stuart Mill, Ortega y Gasset, assim como em Tocqueville, observa-se, ademais de viva e realista descrição das páginas do Antigo Regime, a recusa em explicar o desconforto com o fim dos privilégios aristocráticos pela expansão do utilitarismo capitalista, como prática, todos adotando a perspectiva de classe de condenar a utopia da igualdade política, como norma. Por isso, provavelmente, falharam em perceber que a inevitável diferenciação de interesses materiais impediria, em democracias, contínua legislação das casas de representação favorecendo, sistemática e singularmente, um único conjunto de pressões. Muito mais simplistas que o reducionismo atribuído a Karl Marx, eles ignoraram a alternativa de que conflitos distributivos não ocorrem somente entre pobres e ricos, mas também entre grupos de ricos com interesses adversários.

A antecipação da história pelo método de extrapolação do presente seria segura apenas se ela própria, história, fosse absolutamente reiterativa. O materialismo, que repugnava à aristocracia por sangue ou por mimetismo de valores, viria a adquirir dimensões escandalosas, com a corrupção contaminando os processos eleitorais, a partidarização da imprensa, que Tocqueville, antecipando Gabriel Tarde, projetava como instrumento fundamental da democracia, e sobretudo a indiferença dos políticos pelo bem público. A sucessão de eleições, o crescimento econômico e a expansão do eleitorado

---

54. Ibid., p. 53-54.

provocaram o surgimento de fenômenos inéditos na organização do poder e de seu exercício. Um século depois do primeiro golpe parlamentar da burguesia na França, e do estrangulamento da participação eleitoral ampliada no mundo todo, a disputa política voltou a ter no direito de voto um dos temas principais.

Com a universalização do direito de voto intensificado após a II Guerra Mundial (vide capítulo anterior), os medos conservadores retornaram. Contudo, o início da década de 1990 assinala reversão na tendência participativa eleitoral, cujo indicador mais claro seria a alegada redução nas taxas de comparecimento. Não convém deixar sem referência o contexto econômico internacional e suas consequências sobre o ânimo participativo e democrático de eleitorados de grandes proporções. Em meio do transcurso democratizante previsto por Tocqueville, é a instauração do despotismo da maioria que caracteriza, de fato, as democracias representativas contemporâneas?

Se os conservadores atuais são mais comedidos nos apodos aos eleitorados de massa, agora na casa de vários milhões em dezenas de países, eles continuam, todavia, temerosos, se não de despotismo, de irracionalismos na condução dos negócios públicos. Excelente e extenso recenseamento de eleições e votos registra o ainda recorrente problema da capacidade decisória do eleitor, sentenciado como ignorante do que seria indispensável conhecer para realizar uma escolha racional: "Inevitavelmente, os eleitores serão, com frequência, mal informados sobre muitos detalhes do desempenho dos governos e sobre as credenciais daqueles que desejam se tornar futuros representantes. A maioria deles também é incapaz de discernir qual, na miríade de políticas alternativas, conduzirá ao alcance de seus objetivos".[55] Os eleitores menosprezados são a base de legitimidade dos países europeus, mais os Estados Unidos, que, restrição importante, nunca conviveram com períodos autoritários depois de 1945.

---

55. Cf. Van der Eijk, Cees e Mark N. Franklin, *Elections and Voters*, Londres, MacMillan, 2009, p. 24-25; adiante voltarei a este livro.

Falta de consistência na avaliação de candidatos, conhecimento incompleto ou equivocado sobre programas partidários e inúmeras transgressões ao princípio da transitividade de preferências, eis algumas das descobertas surpreendentes desde o início das pesquisas eleitorais. Mais que desqualificar os eleitorados, restava sob suspeição a hipótese rousseauniana de que uma sociedade bem governada exigia a colaboração de cidadãos conscientes. Pois democracias bem-sucedidas demonstravam ser viáveis com o concurso mais que precário de seus pouco esclarecidos habitantes. Nem se trata do período de aprendizado de democracias mal saídas de oligarquias. Ainda agora, décadas passadas, provoca as mesmas surpresas o grau de desinformação dos eleitorados nas democracias maduras.

As fontes de formação da opinião dos eleitores, segundo declarações a pesquisas, incluem aspectos pouco recomendáveis do ponto de vista da respeitabilidade política: aparência física, sugestão de amigos e episódios sorrateiros. Mais embaraçante: advertidos de que os candidatos defendem pontos de vista opostos aos seus, os eleitores reiteram que votarão neles.[56] Em outro estudo, Ilya Somim acredita que o melhor conhecimento das conexões entre meios e fins por parte do eleitor pode reduzir a ignorância ou torná-la, por assim dizer, "racional". A quantidade de conhecimento indispensável estaria atendida quando o eleitor entendesse que a produção de bens públicos acaba beneficiando a ele mesmo. Pouco provável, contudo, que a maior consciência das conexões de seu interesse contribua para seleção de candidaturas atentas ao bem comum. Não é por falta de informação que os eleitores favorecem candidatos de programas estreitos. Eles erram com frequência de pessoa, não de prioridades. A premissa do eleitor é utilitária, e, concluo eu, se todos os eleitores obtivessem informação completa sobre meios e fins, todos seriam estritamente utilitários, não sobrando ninguém para

---

56. Cf. Oppenheimer, Danny e Mike Edwards, *Democracy Despite Itself: Why a System that Shouldn't Work at all Works so Well*, Londres, MIT Press, 2010.

defender o interesse público. Na ausência de eleitores rousseaunianos, resta preferível que parte do eleitorado permaneça sem clareza sobre seus interesses e sobre quem melhor os representa. Paradoxo à parte, eis a premissa inegociável, desconsiderada em pretensas sugestões de aprimoramento: o núcleo da democracia representativa consiste na sagração do ideal normativo de que o resultado da eleição corresponde ao que a maioria entende como desejável para a coletividade, e não para cada eleitor individualmente.[57]

Entre parênteses, inúmeros estudiosos acrescentam que, em geral, as elites compartilham as deficiências intelectuais e de informação atribuídas à massa de eleitores. Em nenhum caso, consequentemente, está o Brasil à deriva do fluxo normal das democracias, não obstante o ramerrão conservador a propósito de putativa ignorância exclusivamente nacional. Em verdade, também as elites brasileiras não se distinguem das demais em relação ao obscuro entendimento que possuem sobre a rede de causalidades sociais.

Desconhecer parte da complexidade envolvida em eleições e suas consequências é condição comum, original, inevitável de eleitores e candidatos, insuficiente para explicar a série de escolhas nas trajetórias nacionais. A necessidade de conquistar votos para conservar o poder constrangeria a liderança política a escolhas não recomendadas pela boa prática econômica – eis o cantochão universal da condenação popular nas deliberações eleitorais e políticas. Embora abundante documentação esclareça não ter sido, em absoluto, por concessões a demandas populares que a crise iniciada em 2007-2008 alcançou as economias do mundo inteiro, a desconstrução

---

57. Em *Democracy and Political Ignorance: Why Smaller Government Is Smarter* (Stanford, Stanford University Press, 2013), Ilya Somin retoma o tema da ignorância benévola e pergunta: "Quanto deveria o eleitor saber?" (p. 38). O suficiente, responderá, para poder discernir que opção será a única capaz de trazer-lhe benefício de ações governamentais. Todo eleitor sabe que a história é bem diferente, mas os estudiosos não cessam de agir como se o eleitor não soubesse o que faz. A conclusão paradoxal é minha, não de Somin.

de Estados de bem-estar tem obedecido à ideologia que rebaixa o valor da consulta à vontade do eleitorado. Pior, de acordo com os diagnósticos conservadores, o crescimento da renda e a expansão do consumo das camadas populares seriam desastrosos para a estabilidade produtiva da democracia. A substituição do tempero da solidariedade pela voracidade incontida do interesse, todavia, vivamente colorida por Tocqueville, não é característica de governos sequestrados por maiorias despóticas, mas imposta por minorias capitalistas, com o concentrado e vital controle do aluguel da mão de obra em período de escassez de postos de trabalho. Justamente pela reduzida potência do eleitorado em gerar eficiente impacto sobre a formulação de políticas governamentais, fica a arena política vulnerável aos grupos de interesse do capital, com o subsequente desvio do processo evolutivo.[58]

O alegado desprestígio da competição eleitoral desorienta os teóricos da democracia. Custou um século e meio, em contagem modesta, a conquista da universalização do direito de voto, e não poucos sofrimentos físicos, prisões e violência. Como se explica o desânimo no usufruto de tão cara aquisição, tomando-o até como hipótese explicativa dos golpes sem militares? O estranho reside na contradição entre diagnósticos: ora o direito de voto seria nefasto por excesso, ora por omissão. Recentemente, adverte-se que a alienação de grande contingente do eleitorado não resultou da crise de 2007-2008, vindo desde antes. Mas aqui começa a incerteza dos estudiosos: desde antes, quando? E mais: há mesmo uma tendência ao distanciamento em relação às práticas democráticas? São incontroversos e convincentes os indicadores selecionados para tipificar o fenômeno?

As controversas estatísticas de comparecimento eleitoral, evidência, em princípio, de forte poder elucidativo, perturbam os pesquisa-

---

58. Tese bem defendida por Mancur Olson Jr., *The Rise and Decline of Nations* (New Haven, Yale University Press, 1982), e que me parece mais fascinante que os volumes mais recentes que circulam aproximadamente com o mesmo título e intenção.

dores. Usando uma das tendências centrais – a média –, as conclusões deviam ser otimistas, variando pouco este ou aquele resultado tópico. Mas é trivial objetar não ser a média apropriada para avaliar tendências, exceto quando se dispõe de muitas médias, computadas sobre vários países na sucessão de muitas eleições. Ainda assim, mesmo quando a base empírica é considerável, a bibliografia não é conclusiva, apesar das qualificações métricas introduzidas. Por exemplo, Pipa Norris organizou os dados de comparecimento eleitoral a 380 eleições parlamentares em democracias ocidentais, a intervalos de cinco anos, de 1945-1949 a 2005-2009, e encontrou um crescimento da média de comparecimento da ordem de 76%, no intervalo 1945-1949, com máximo de 80% no período 1960-1964; daí, entretanto, teria caído para 77% no final da década de 1960, continuando a baixar vagarosamente até os 70% no início da década de 2000. A quantidade das informações é respeitável, mas como interpretá-las?

Estaria documentado o declínio da participação eleitoral? Em minha avaliação, a variação de sete pontos percentuais nas médias, durante 50 anos, não informa substancialmente muita coisa sem ulterior análise da série dos desvios em relação à média.[59] Para ilustrar com antiga anedota, alguém com os pés em uma fornalha e a cabeça na geladeira teria uma temperatura média bastante razoável, óbvio, nas condições dadas. Mas os valores dos desvios não constam do relatório, ausência especialmente lamentável, tratando-se de comparecimentos médios de eleitorados de tamanho variável. Todavia, Norris acredita que houve "declínio" incomum, explicado pela ponderação do ingresso das novas coortes de eleitores em cada quinquênio. Claro, a medida fica ainda mais confusa, pois as gerações de novos eleitores são de tamanhos diferentes não só em cada país, mas a taxa de cres-

---

59. Franklin considera que uma queda de cinco pontos percentuais no eleitorado inglês, entre 1964 e 1977, não é significativa. Cf. Franklin, Mark, *Voter Turnout and the Dynamics of Electoral Competition in Established Democracies since 1945*, Cambridge, Cambridge University Press, 2004, p. 70.

cimento populacional variou também de país a país nos quinquênios tabulados. Médias, como sempre, não indicam nada com precisão sem o registro dos desvios individuais em relação a ela; e o problema se compõe quando a análise se apoia em uma série de médias. Se, para o registro curioso de variações climáticas de regiões tropicais ou árticas, a interpretação do fenômeno é bem mais preocupante ao se tratar de maior ou menor indiferença a prática essencial à democracia.

Universalização do voto, significando basicamente conquista do voto feminino, redução da idade de qualificação eleitoral e extinção do voto compulsório constituem os três momentos em que a noção de coorte (geração) eleitoral adquire proeminência na análise de Franklin e Cees van der Eijk.[60] Distinguindo os dados eleitorais de 39 países desde 1945, Mark Franklin obtém plausível distribuição de comparecimento eleitoral sensível às três condições. A tese derivada aponta redução no comparecimento eleitoral das coortes em sua inauguração, comparado ao comparecimento das coortes já estabelecidas, que obtiveram, pelo hábito, certa inércia de comportamento. Ainda mais, cada nova coorte apresentaria taxa de comparecimento inferior à da coorte anterior, quer dizer, quando esta se iniciou na vida eleitoral. Com o tempo, o comparecimento tenderia a aumentar e se estabilizar, de acordo com a tese da inércia. O tema volta no volume colaborativo com Van der Eijk, agregado à excelente consolidação da bibliografia sobre sistemas eleitorais, partidários e de opinião pública. Se há certa negligência dos novos eleitores ao se qualificarem pela idade, eles adquiririam sabedoria ao correr dos anos, garantindo longevidade ao sistema.

A redução na taxa de comparecimento se explicaria por insuficiência de socialização política, no caso do voto feminino e de diminuição do limite de idade, e como expressão da taxa de indiferença natural em comunidades de grande população. Os exercícios de predição mostram-se bastante convincentes quando comparados

---

60. Cf. Van der Eijk e Franklin, op. cit.; Franklin, op. cit.

a resultados reais do arsenal de dados mobilizado. Há certamente uma cota de verdade nas teses, exigindo, porém, ajustamentos a experiências nacionais singulares.

A deficiência da hipótese surge na proporção de comparecimento da nova coorte de eleitores a cada eleição, de 1964 a 1999 (não em período quinquenal), na Inglaterra, apresentada por Colin Hay. Experiências particulares são importantes para avaliar a razoabilidade da tese, e duas conclusões são compatíveis com a evidência: primeiro, ao contrário de apresentarem porcentagem de participação decrescente, as sucessivas coortes inglesas revelam maior participação a cada estreia; segundo, a porcentagem de comparecimento das coortes na primeira eleição de que participam oscila muito, isto é, não são determinadas pelo tempo.[61]

Em outra medida, distinta da de Franklin, Hay registra os anos de maior e menor comparecimento proporcional entre países selecionados da Organização para a Cooperação e Desenvolvimento Econômico (OCDE), dentro do intervalo de 1945-2005, de 60 anos, e que se mostram também desviantes em relação ao esperado segundo a hipótese de Franklin. Analisando por inspeção os dados submetidos por Hay, contudo, observei que o número de anos no intervalo entre o pico e o vale do comparecimento, em cada país, é totalmente aleatório: 15 anos entre o pico (maior comparecimento) e o vale (menor comparecimento) no Japão, 50 anos na Inglaterra, Canadá, Nova Zelândia e Áustria, 12 anos na Alemanha, 43 anos na Itália e 36 anos na Noruega e nos Estados Unidos.[62] Comparecimento eleitoral não é, de fato, bom indicador de indiferença definitiva em relação à política, e, consequentemente, é muito pouco provável que explique, de maneira singular, as crises de usurpação de poder.

---

61. Cf. Hay, Colin, *Why We Hate Politics*, Cambridge, Polity, 2007, gráfico I.2, p. 17.
62. Cf. Ibid., tabela I.1, p. 14.

Na verdade, utilizando dados agregados das taxas de comparecimento às eleições para a Câmara dos Deputados no Brasil, conferi a plausibilidade da hipótese de que as ondas de maior ou menor comparecimento (e como nos exemplos de Norris e Hay, aqui também o material empírico foram os votos válidos) estejam associadas à maior ou menor expectativa depositada nos resultados da eleição.[63] No mesmo sentido, Peter Mair relata estudo de Mark Franklin em que as oscilações na Europa só parecem relevantes em comparação com os altíssimos níveis de comparecimento eleitoral dos anos 1960, e que, mesmo mais baixas, desde "que importantes questões estivessem em jogo, podia-se esperar que os níveis de participação subissem outra vez".[64]

Com efeito, embora bem ajustada a tese ao volume agregado de informações, a variável "coorte" está subordinada ao quesito "relevância" dos resultados. Quando o resultado numérico das eleições é incerto, isto é, quando não é absolutamente certo que tal partido ou candidato sairá vencedor, e as consequências do resultado são claras – na substituição de um governo popular por outro, conservador, ou o inverso –, o eleitor passa a acreditar (contra a teoria da escolha racional) no poder diferencial de seu voto. "Assim, a competição eleitoral é maximizada quando é baixa a incerteza estratégica [clareza quanto às consequências] e elevada a incerteza do resultado eleitoral."[65] Se há dúvidas sobre o provável vencedor, e absoluta convicção a respeito do que mudará ou não mudará, o incentivo para colaborar com o resultado final é superior a eleições em que o vencedor é conhecido de antemão ou quando o resultado eleitoral não implica alterações marcantes no *status quo*.

Coincidente com o histórico brasileiro de participação eleitoral, também a reflexão de Wolfgang Streeck favorece a tese da relevância no declínio europeu, acrescentando:

---

63. Cf. Santos, *Horizonte do desejo*, op. cit., p. 74-79.
64. Mair, Peter, *Ruling the Void: The Hollowing of Western Democracy*, Londres, Verso, 2013.
65. Cf. Franklin, op. cit., p. 57.

Tudo sugere que a declinante participação eleitoral nas democracias capitalistas não é um sinal de contentamento, mas de resignação. Os perdedores, na hegemonia neoliberal, não enxergam o que poderiam ganhar em mudanças de governo; a política globalizante Tina (*There is no alternative*, "Não há alternativa") atingiu a base da sociedade. Em quem votar não faz alguma diferença na percepção daqueles que mais teriam a ganhar com uma mudança política. [...] A política de resignação dos subalternos consolida a hegemonia neoliberal, assim protegendo ainda mais o capitalismo da democracia.[66]

Se o declínio absoluto em participação eleitoral é contestado por parte da bibliografia, a atribuição de movimentos ondulatórios, ascensão e descenso, parece apropriada conforme a expectativa de retorno positivo ou de proteção contra políticas adversas. Em que estágio da onda se encontra o humor do eleitorado, e a consequente atenção e o envolvimento com eleições específicas, isso contribui sem dúvida para a compreensão dos momentos democráticos críticos.

O suposto descrédito atual dos sistemas partidários se mostra mais compatível com as estatísticas de identificação e filiação às legendas. Entre 1960 e 1990, a tendência de identificação partidária obteve taxas anuais negativas nos seguintes países europeus: Áustria, Grã-Bretanha, Finlândia, França, Islândia, Irlanda, Itália, Luxemburgo, Holanda, Noruega e Suécia. Em critério mais severo, o de forte identificação, os resultados foram, por igual, negativos nos países mencionados, com acréscimo da Bélgica e da Dinamarca. Mudanças no número de filiados a partidos como proporção do eleitorado, entre 1980 e 2009, alcançaram valores negativos nos seguintes países: Reino Unido, Noruega, França, Suécia, Irlanda, Suíça, Finlândia, Dinamarca, Itália, Bélgica, Áustria, Holanda, Alemanha e Portugal. Alguns com declínio muito expressivo: No-

---

66. Cf. Streeck, Wofgang, *Buying Time: The Delayed Crisis of Democratic Capitalism*, Londres, Verso, 2014 p. 55.

ruega (–10,2%), Áustria (–11,2%) e Finlândia (–7,66%). Entenda-se que o decréscimo não se refere a número absoluto de membros, comparação de total de perdas de filiados, mas em comparação ao total do eleitorado. Por exemplo, e acrescentando, Grécia e Espanha foram os dois países em que os partidos aumentaram seu recrutamento: + 3,4% na Grécia e + 3,16% na Espanha.[67] Mas embora a tese sobre a timidez das coortes em iniciar um envolvimento com a política eleitoral seja de pouca valia enquanto o voto, no Brasil, for legalmente compulsório, as taxas historicamente baixas de filiação e identificação partidária não são indicativas de comportamento futuro nos conflitos distributivos. Em princípio, a investigação sobre crises e golpes parlamentares, inclusive no Brasil, pode dispensar evidências sobre comparecimento eleitoral e filiação partidária. Nem decorrem dessas duas variáveis confiáveis premissas de argumentos sobre a indiferença ou o comprometimento da população com valores democráticos.

Por discutíveis que sejam os resultados, porém, oscilando com os períodos escolhidos, e por controversas as interpretações que exoneram o processo democrático da alegada deterioração, a frequência de pesquisas inconclusivas corrobora a suspeita de que há algo por esclarecer. Não são abundantes as escolhas de personagens, posto que, mantidas constantes as legislações, a fonte do problema, se este existe, há de envolver partidos e eleitorados. O apelo a hipóteses estritamente econômicas perdeu o fascínio à medida que os economistas obtinham esplêndidos fracassos na análise da economia, ela mesma.

Se o desconforto conservador com a democracia ora acusa os partidos por irresponsabilidade, ora o eleitorado por incompetência, uma terceira tendência opta por julgar favoravelmente a aparente apatia, temendo, como mencionado, o descontrole nas contas dos governos, se submissos às pressões eleitorais. Grande parte das

---

67. Cf. Mair, op. cit., tabela 3, p. 35; tabela 4, p. 41.

hipóteses explicativas tem sido convenientemente aglomerada em dois grupos: as interpretações que enfatizam o lado da demanda de políticas (eleitores e grupos de interesse) e as que privilegiam o lado da oferta de decisões (basicamente, Legislativo e Executivo). De certo modo, a ênfase no estilo é mais significativa que a diferença entre os diagnósticos, pois a incompletude ou inadequação da oferta de políticas só adquire relevância causal se em contraste com determinada pauta de demandas. Mas a inclusão das consequências das disputas eleitorais constitui avanço sensível na investigação das crises em democracias representativas.

O modelo demanda/oferta de Colin Hay distingue o que o sistema de partidos faz daquilo que o eleitorado julga que ele faz. A premissa estima que há clara distinção entre as duas ordens de realidades. Novidade, na premissa, não há, valha o depoimento de longa tradição de pesquisa, desde o pioneiro *The People's Choice*.[68] As pioneiras investigações sobre a opinião do eleitorado diante de itens salientes revelaram o estado confuso das crenças políticas da população, origem da denúncia, grave em democracias, de que os eleitores não são racionais. Peculiar é a explicação de natureza histórica, de Hay, segundo a qual atribuir aos políticos inclinação de labutarem tão somente pela maximização de seus interesses resulta de uma profecia que fabricou suas condições de sucesso, ou profecia que se autocumpre. Em suas primeiras décadas, na narrativa de Hay, a democracia representativa teria sido operada por políticos atentos aos problemas coletivos, tal como devia ser, e não por maníacos egoístas. Com o passar do tempo de experiência democrática, a expansão do eleitorado, segregando fatias de descontentes com a indiferença a seus problemas particulares, apresentados sob a bandeira de interesse público, apressou a difusão da tese de que os políticos só se mobilizavam para atender aos pedidos dos que lhes

---

68. Lazarsfeld, Paul; Berelson, Bernard e Gaudet, Hazel, *The People's Choice*, Nova York, Columbia University Press, 1944.

devolviam votos. Tese de irresistível apelo a descontentes conjunturais ou crônicos com qualquer governo.

Tocqueville já rebaixara a defesa do bem público à suspeita de estrita propaganda. Mesmo antes, na contramão das utopias iluministas da humanidade racional, o materialista de pouca fama Helvétius discorria sobre o comportamento humano em sua generalidade e desconfiava de que a democracia representativa de sufrágio universalizado não existia nem mesmo como projeto. Ela pertenceria ao mesmo tipo de comunidade abstrata administrada, em teoria, por decisões unânimes da vontade geral. Florescia em reflexões, por certo, mas sem que seus teóricos acreditassem em sua viabilidade. Helvétius explicava o comportamento da humanidade inteira, não somente de uma de suas categorias profissionais ainda inexistentes, os políticos representativos, exclusivamente pelo interesse. Contra entendimento mesquinho de sua filosofia, utilizou uma nota de pé de página para esclarecer: "As pessoas vulgares comumente restringem o significado da palavra 'interesse' ao puro amor do dinheiro; o leitor esclarecido perceberá que tomo essa palavra em sentido extenso e que a aplico, em geral, a tudo que pode nos proporcionar prazer ou evitar sofrimento".[69] Lembro que Jeremy Bentham, cuja glória como um dos principais teóricos da ética utilitária é indiscutível, só publicou *An Introduction to the Principles of Morals and Legislation* 30 anos depois, em 1789. Nela, a primeira frase do primeiro parágrafo afirma: "A natureza colocou a humanidade sob o governo de dois mestres soberanos: sofrimento [*pain*] e prazer. São eles, exclusivamente, a nos orientar sobre o que devemos [*ought*] fazer, tanto quanto a determinar o que temos [*shall*] de fazer".[70]

A fama é peregrina, mas, evoluído o mundo como evoluiu, não é surpresa que Bentham, teórico da legitimidade do apetite acumu-

---

69. Helvétius, Claude Adrian, *De l'esprit*, Paris, Marabout Université, 1973 [1758], *Discours second: de l'esprit par rapport à la societé*, cap. 1, p. 55, nota 2.
70. Cito a edição *The Hafner Library of Classics*, Nova York, 1949, p. 1.

lativo, receba consagração pela paternidade da teoria da qual sacou recomendações totalmente opostas às de Helvétius, seu precursor. Esquecido por seleção pouco natural, o pensador francês conquistou passaporte para o olvido com observações como a seguinte: "Os ricos, desde logo, que desfrutam de luxo mais do que têm de riqueza, estão interessados em reduzir o preço da jornada de trabalho, em não oferecer ao trabalhador senão o pagamento absolutamente necessário à sua subsistência".[71] Creio que se sentiria à vontade entre os teóricos da escolha racional, embora fornecendo propostas de ação incompatíveis com as deles. De todo modo, a análise não pode mais evitar o conteúdo das decisões políticas, independentemente da democratização do processo eleitoral.

Encerrando a referência à ancestralidade dos motivos do comportamento humano, o materialista Helvétius acredita que a percepção interessada do mundo, fragmentada, incompleta, pode ser superada: "Os homens, vendo bem o que veem, e tirando consequências adequadas a seus princípios, chegam, entretanto, frequentemente, a resultados contraditórios; isso porque não têm na memória todos os dados para comparação, da qual deve resultar a verdade que buscam".[72] Haveria limites para o relativismo do interesse privado, portanto, definidos pela quantidade de informação disponível, preocupação perfeitamente tempestiva ao debate contemporâneo sobre a qualificação dos eleitores nas democracias representativas.

De modo provocador, Hay atribui a versão dos políticos como maximizadores à captura da cultura cívica pela teoria da escolha racional; e, paradoxalmente, quando a ideologia democrática se torna hegemônica no mundo. Na teoria, votar não é racional, visto que o voto singular de cada eleitor equivale a não mais que $1/N$, sendo N o total de votos válidos. Em sistemas proporcionais, cada voto, na realidade, corresponde a $1/Q$, o denominador indicando a cota de

---

[71]. Helvétius, op. cit., *Discours premier: de l'esprit en lui-même*, cap. III, p. 33.
[72]. Ibid., cap. III, p. 41.

sufrágios requerida para eleger um representante (os ajustamentos introduzidos por coalizões, como no Brasil, não interferem substancialmente no argumento). Ineficaz o voto, assim, na determinação do resultado da eleição. Por outro ângulo, mesmo se abstendo, o eleitor faltoso não será excluído dos benefícios de políticas públicas. Votando ou não, o eleitor é parte integral da comunidade, titular dos mesmos direitos que os demais. Não é concebível que iniciativas do governo tragam dispositivo delas excluindo os que não votaram pelo partido ou pelo candidato autor da lei. Políticos eleitos, de sua parte, deveriam preocupar-se menos com o rol de carências demandando políticas públicas de benefício universal, ainda segundo a teoria, e mais em corresponder às expectativas do eleitor mediano. Hipoteticamente, a legislação vencedora contaria com o aplauso de metade mais um dos eleitores.

Contrariando a descrição, Hay acentua que a promessa dos políticos seria insuficiente para mobilizar o eleitorado, pois: "Por mais que seja racional para os partidos-como-negócio apelar para o estreito interesse do eleitor-mediano-como-consumidor, não se deve esquecer que votar, em tal cenário, é um ato irracional, pois os bens públicos são indivisíveis".[73] A razão é simples: para cada membro da coletividade particular privilegiada pela benesse, o bem coletivo equivale ao bem público, com todas as suas propriedades – indivisibilidade e não exclusividade, ou seja, uma ponte sobre uma área insalubre, construída por autoridade pública ou privada, não pode ser produzida ou consumida aos pedaços (2% por uns, 15% por outros), ela é inteira e indivisível; à diferença da ponte privadamente construída, entretanto, a ponte pública não pode excluir nenhuma pessoa de seu consumo, enquanto a ponte privada pode cobrar e só autorizar a utilização pelos que pagarem pedágio (se, por argumentação, se supuser que o governo também pode cobrar pedágio, substitua-se a ponte por uma praça).

---

73. Hay, op. cit., p. 156.

O ar rarefeito em que se move a política descarnada da teoria da escolha racional favorece o desdobramento elegante dos modelos. Mas o obstáculo epistemológico da teoria lembra o desespero dos gregos clássicos, enredados em entender o fenômeno da mudança, que a quase tudo deteriora, e que, explicada, vê-se substituída pela problemática oposta, a da aparência de repouso, de permanência das coisas e das identidades. Esclarecida a natureza da instabilidade, cumpre iluminar a estabilidade, que, sendo explicada, repõe o problema da instabilidade. Traduzindo: sendo irracional votar, como, então, alguém vota? E se é útil votar, por que tantos não votam? A simplicidade da resposta, aqui, reflete a economia indispensável aos passos subsequentes da análise: votam os que são bem-sucedidos na organização da pauta de decisão dos legisladores e, portanto, estão atentos às escolhas eleitorais por fazer. Votam os que, conforme Franklin, percebem a clareza das consequências eleitorais e a incerteza quanto ao resultado das eleições.

A explicação depende da premissa utilitarista, a qual, precisamente, tornou-se verdadeira com o tempo e a prática de negociações com ela compatível. É a tese de Hay: "As condições contemporâneas de descontentamento e desmobilização do eleitorado são, em parte, consequências desse infeliz hábito [de negócios]. O que o torna difícil de extirpar é que parece um hábito a que os políticos também aderiram."[74] O hábito de votar, longe de amadurecer o eleitor, conforme a otimista perspectiva de Franklin, exacerbaria seu apetite narcisista. Em busca de remédios, Hay recupera a moléstia da deterioração da confiança em políticos e partidos, que em 2004 se manifestava nos Estados Unidos, na França, Inglaterra e Alemanha,[75] apostando que o atual mal-estar mundial não será superado sem a recuperação simultânea das relações de confiança entre eleitorado e partidos. Mas enquanto não ocorrem mudan-

---

74. Hay, op. cit., p. 160.
75. Ibid., tabela 1.6, p. 34.

ças nesse sentido em nenhum lugar do mundo, convém manter a análise apoiada na premissa utilitarista, a que orienta eleitores e candidatos – é minha conclusão sobre a matéria.

O voto se mostra relevante quando se imagina que os interesses daquele eleitor específico constarão da lista de tópicos por deliberar e, consequentemente, vale a pena somar-se à pressão para que eles sejam atendidos. Para um observador rousseauniano, a taxa de participação eleitoral, quando inferior a 100%, é modestíssima, enquanto, para um huntingtoniano, as demandas às portas das câmaras representativas competem, em fragor e força, com avalanches irreprimíveis. A projeção do modelo racional explicaria a monotonia das eleições, a favor de Huntington, mas não a turbulência das últimas décadas: fosse racional não votar, para o eleitor, e racional atender apenas a alguns interesses, na cartilha dos profissionais da política, por que não se observa nas democracias representativas afluentes deste século a estabilidade que caracterizou a década de 1950?

O passado político costuma parecer melhor do que efetivamente foi. A rigor, jamais existiu momento em que os políticos se preocupassem estritamente com propostas de solução para problemas segmentados, como supõe Hay. Considerar o mecanismo "representativo" como indicador crucial do sistema democrático, como foi anotado, responde pelo equívoco frequente de tomar sistemas de oligarquia representativa por democracias. A estabilidade de antanho só remotamente se refere a democracias representativas. A Inglaterra da primeira metade do século XIX era tão democrática quanto a Primeira República Brasileira (1989-1930), ou seja, tanto em uma quanto em outra as preocupações com problemas coletivos estavam restritas às taxas aduaneiras, no Brasil, e à (não) regulação do trabalho industrial, na Inglaterra. Com o reduzidíssimo eleitorado da época e a homogeneidade da representação política, a versão de Estado unanimemente aceita era precisamente a de um Estado mínimo, indiferente a demandas coletivas, porque estas, com efeito, não existiam. Os governos respondiam tão somente àquilo que dele esperavam seus principais alicerces econômicos e sociais. Os eleitores sempre votavam por interesse, e era por interesse que os políticos decidiam o que decidiam. Deve ser lembrado, nesta passagem, o horror que causaria a Tocqueville – narrador do pauperismo europeu, formulador de um sistema público de previdência – e, ainda, a Montesquieu – a sugerir a construção de hospitais para assegurar a reprodução da espécie – conviver com o disfarçado darwinismo competitivo das democracias representativas contemporâneas.

Com o alargamento do direito de voto, multiplicando-se a natureza das demandas e estabelecidos os direitos de associação e manifestação de opinião, a continuidade de um sistema de governo estritamente por troca de apoios entre os que governam e parte dos que são governados ficou ameaçada. Na verdade, desde a universalização do direito de voto a participação eleitoral nunca foi, a rigor, anêmica, exceto a do exíguo contingente de eleitores do período oligárquico, quando não envolvia nem 20% da população adulta. A queda de uma média de 77% para 70% de comparecimento às eleições em mais de uma dezena de países, em 50 anos, só impressiona, eventualmente, a analistas acadêmicos, sem representar grande alívio para os candidatos representantes.

Vem do século XIX, em meu entender, o melhor julgamento da instabilidade produtiva – é dizer, de transformações sem rupturas na essência da institucionalização democrática, caracterizada pela hegemonia da economia de mercado, na alocação de bens e valores, associada à universalização do voto, na difusão da igualdade de direitos. E provém da mesma fonte autoral o esclarecimento de um dos mecanismos geradores das turbulências contemporâneas, estímulos para superação de dificuldades econômicas, inovações tecnológicas e enriquecimento das condições materiais da vida. Provavelmente pelo impacto do episódio revolucionário de 1789, Alexis de Tocqueville entendeu que as tensões entre transformações econômicas e sociais, pressionando as estruturas políticas, se resolveriam invariavelmente por revoluções.

Estão no capítulo 4 da parte III da análise de *O Antigo Regime* as anotações que, para mim, revelam um dos dois principais mecanismos de instabilidade em democracias representativas, cuja administração pode ou não implicar revoluções ou instabilidade produtiva, isto é, com continuidade das instituições e evolução socioeconômica. As condições recentes, resultado de meio século de atividade econômica e convivência democrática, deram oportunidade ao aparecimento de terceiro tipo de desenlace – golpes parlamentares. Diz Tocqueville, traduzindo politicamente a Revolução de 1789:

> É um fato singular que esta prosperidade sustentada, longe de tranquilizar a população, promoveu em todo lugar um espírito de rebeldia. O público em geral tornou-se mais e mais hostil a todas as antigas instituições [que hoje podem ser os partidos políticos], mais e mais descontente; na verdade, tornou-se crescentemente óbvio que a nação se encaminhava para uma revolução. [...] Porque não é sempre quando as coisas estão indo de mal a pior que as revoluções ocorrem. Ao contrário, acontece com frequência que, quando um povo enfrentou durante muito tempo um despotismo, sem protestar, e subitamente se depara com um governo que relaxa a pressão, então pega em armas contra ele. [...] Estonteados pela perspectiva de uma felicidade até então inimaginável, e que agora parece ao alcance da mão, o povo fica cego em relação ao que já realmente conquistou e impaciente para precipitar novos avanços. [...] Difícil imaginar como se poderia abortar uma catástrofe: de um lado, uma nação na qual a ambição por riqueza e luxo se expandia diariamente; de outro, um governo que, enquanto fomentava essa nova paixão, ao mesmo tempo frustrava-a – e por esta fatal inconsistência selava seu próprio desastre.[76]

Trata-se do desdobramento da análise iniciada em *A democracia na América*, antes citada, em que Tocqueville descreve cruamente a

---

76. Tocqueville, *The Old Regime...*, op. cit. p. XX.

intensidade da competição por bens materiais sem freios nem possibilidade de satisfação, atribuindo-a exclusivamente ao que chamou de eleitorado de massa.

Uma premissa fundamental da ciência newtoniana, absorvida com sofreguidão pelas teorias das sociedades de mercado, descreve a ordem da natureza segundo o princípio de que às mesmas causas correspondem os mesmos efeitos.[77] A incompletude do princípio revela-se ao se patentear que, em matéria social, nem sempre às mesmas causas se seguem os mesmos efeitos. A rigor, são raros os processos causais que produzem somente um tipo de efeito. A cláusula *coeteris paribus* implícita no princípio newtoniano (os *Principia* foram publicados em 1687, quase 90 anos antes de *A riqueza das nações*, de Adam Smith) não cabe no mundo dos fenômenos sociais, quando inevitáveis variações nas condições antecedentes interferem na cadeia causal dos eventos. Importante, em particular, são as ações que produzem múltiplas consequências, conflitantes entre elas. A população dos "perdedores" de que fala Streeck não é constituída exclusivamente pelos membros das classes subalternas. Há competição entre os interesses do capital, e conflitos inerentes a decisões políticas não remetem automaticamente a disputas entre o capital e o trabalho.

A crise mundial de 2007-2008 serviu de condição antecedente, ocasionando uma multiplicidade de efeitos de importância adulta. O terremoto provocado pelo sistema financeiro norte-americano agrediu todas as economias do mundo, saudáveis ou não. Eventuais hematomas políticos em sociedades comparativamente mais débeis não deveriam ser creditados à inabilidade ou malignidade das eli-

---

[77]. Não foi Auguste Comte o idealizador de uma ciência da sociedade como ramo das disciplinas exatas. Desde a revolução científica iniciada com o Renascimento, os estudiosos da sociedade tomaram o brilhantismo da física como ideal a perseguir. Cf. Schabas, Margaret, *The Natural Origins of Economics*, Chicago, University of Chicago Press, 2005.

tes políticas e econômicas nativas. Uma ou outra, às vezes ambas, tem estado integrada à vida cotidiana de tais sociedades, mas nem toda década mundial tem sido obrigada a absorver reverberações de patifarias alheias. A adjetivação forte foi inaugurada pelos críticos norte-americanos, primeiros a maldizer o desastre feito em casa.

As políticas de austeridade universalmente recomendadas pelos organismos internacionais, adotadas em doses variadas pela maioria dos países avançados, e às quais se converte agora o Brasil (em 2015, ensaiadas por Dilma Rousseff, e em acelerada implantação com o governo usurpador de Michel Temer em 2016), são um exemplo maiúsculo da multiplicidade de efeitos, com um denominador comum. Assim, adotar políticas de austeridade como projeto universal é estratégia perigosa, comprovada pela história. Em *Austerity: The History of a Dangerous Idea*, Mark Blyth[78] demonstra abundantemente que, no caso atual, "austeridade não é apenas o preço para salvar os bancos. É o preço que os bancos querem que os outros paguem". Mas a mudança de sujeitos de risco, dos banqueiros para os bancários, digamos assim, não pode ser imputada à falha moral dos agentes econômicos – aqueles livres da armadilha de Malthus e beneficiários do cassino anterior.

Não há condenação razoável por ausência de critérios morais em escolhas políticas, quando estiveram ausentes nas escolhas antecedentes, com apoio de todos à tese de que a economia é uma disciplina dura, a que não se aplicam, com propriedade, juízos de outra natureza que não os utilitários. E como, pela indivisibilidade dos efeitos, "*não podemos todos ser austeros ao mesmo tempo*" (grifos do autor), os que mantêm o controle dos centros de decisão transferem a austeridade compulsória para os assalariados.[79] Desde o início da

---

78. Oxford, Oxford University Press, 2013.
79. Blyth, op. cit. As referências encontram-se às páginas 7 e 9, respectivamente, de *Austerity*, mas o volume explora sistematicamente o encadeamento de decisões impostas pela colateralidade dos efeitos de cada uma delas.

década de 1980, aponta Davis, as corporações norte-americanas substituem antigos planos de bonificação para seus aposentados por dotações no mercado a serem administradas pelos que se retiram. "As ligações entre empregados e firmas se esgarçam, enquanto a segurança econômica dos indivíduos fica crescentemente amarrada à saúde do mercado de ações".[80] A investigação sobre a transformação da economia americana e as modificações entre as corporações e a sociedade importa na medida em que ilustra o modelo generalizado de relações de produção prevalecente em todos os setores, não somente nos financeiros e não somente nos Estados Unidos. "O conceito de que a corporação existe para criar valor em benefício de seus acionistas e de que não é outra coisa senão um nexo de contratos [entre segmentos diferenciados de quotistas, administradores, assalariados] tinha clara implicação para os empregados: eram todos temporários, tivessem ou não consciência disso".[81] O essencial do modelo consiste na liberação das obrigações da unidade econômica, independentemente de sua magnitude, desde que tenha mais de um sócio, em relação à comunidade onde opera e a seus empregados. Em todos os países, ricos e pobres, a alternativa adotada foi precisamente a de pressionar empresas, empresários e assalariados a um ajustamento ao modelo, condição de sobrevivência. Outra não é a agenda do governo usurpado em 2016.

Ao contrário do que imaginavam os clássicos, incluindo o brilhante Tocqueville, o agudo problema do capitalismo por vir não seria o da imposição de grupos homogêneos a decisões homogêneas com consequências homogêneas afetando um público homogêneo. A heterogeneidade das sociedades capitalistas, alimentada pela incessante divisão social do trabalho em condições democráticas, especialmente o direito universal de voto e a liberdade de organi-

---

80. Cf. Davis, Gerald F., *Managed by the Markets: How Finance Re-shaped America*, Londres, Oxford University Press, 2011 [2009], p. 3.
81. Ibid., p. 91.

zação de interesses, submete o sistema público de decisão a extenso pluralismo de grupos de pressão, derivado da desigualdade da distribuição de renda e outros recursos. Em síntese, as políticas produzem efeitos diferenciados sem necessidade de explicitação legal, gerando pautas de expectativas conflitantes, algumas de existência fugaz, outras de constante confronto na arena política.

Os teóricos da decadência da democracia ou no mínimo, da democracia representativa formulam o problema pelo avesso. O desapontamento com a democracia não se expressa em indicadores de participação, que, aliás, não revelam declínio vertiginoso, nem cabe responsabilidade à alegada deficiência operacional das instituições clássicas, partidos e legislativos. Justo ao contrário, o desapontamento decorre da operação plena das instituições democráticas, em condições antecedentes muito distintas daquelas na origem do sistema, em seu regaço oligárquico. A sucessão temporal dos dois sistemas enviesa a análise, mas é indispensável estabelecer que nem a oligarquia era um sistema democrático subdesenvolvido nem a democracia é um sistema oligárquico com voto universal. O sequestro do sistema decisório público por cliques, denunciado por Robert Michels a partir do exemplo, à época, do Partido da Social Democracia Alemã, anuncia problema estranho à participação restrita das oligarquias. Nestas, eram outros os requisitos de pertencimento, de entrada no circuito de poder, e ainda outro o padrão de funcionamento. Minimamente, a operação oligárquica em pequenos grupos coloca problemas de ação coletiva diferentes dos problemas de ação coletiva em democracias de massa. Convém registrar os últimos.

Em observação espirituosa, mas plausível, Streeck adverte que, se se exige prematura comprovação de uma teoria sobre a mudança ou fim de uma formação social, corre-se o risco de vê-la refutada antes de ter tido uma chance de, digamos, tornar-se verdadeira.[82] Eu sustento há muito que, em matéria social, o falso pode se tornar

---

82. Streeck, op. cit., "Preface", p. xii.

verdadeiro, em simetria com o verdadeiro que se converte em falso. Quando publicada, *A riqueza das nações*, em pleno viço mercantilista, era patentemente falsa, tornando-se mais palatável a partir da segunda metade do século XIX. Já a astronomia aristotélica, verdadeira durante um milênio, acabou se revelando falsa. Mas seria imprudente apostar que a versão contemporânea dos universos infinitos não venha a pertencer algum dia, no futuro, ao capítulo das tolices do passado de algum manual elementar.

A previsão de Tocqueville de um desenlace despótico da competição pela aquisição de bens materiais falhou diante dos estímulos à democracia proporcionados pela expansão das relações mercantis. Todavia, a esterilização das instituições democráticas, a captura não despótica do poder decisório por limitado número de agentes do processo produtivo, é uma consequência compatível com o processo tocqueviliano de multiplicação das demandas sociais e políticas, descolado do processo de soma característico do crescimento econômico. O sucesso de grupos específicos na competição por políticas favoráveis resulta de desequilíbrio na capacidade belicosa das diferentes organizações. Os segmentos subalternos da sociedade capitalista não só enfrentam problemas consideravelmente mais graves na organização da ação coletiva do que os segmentos do capital; sua capacidade de pressão é inferior à dos grupos capitalistas, e o custo de suas iniciativas fracassadas é muitíssimo superior ao do capital.

Capitalistas podem investir na organização da ação coletiva de seu segmento específico, arcando individualmente com os custos iniciais. Além de dispor de recursos para tanto, é certo que irão obter a cooperação dos demais capitalistas do setor assim que a organização entrar em operação. Se não por outra razão, porque terão melhores condições de enfrentar o assédio de outros setores do capital. O poder de fogo do capital organizado em relação aos governos subverteu a capacidade de agressão do movimento dos trabalhadores nos primeiros estágios do capitalismo. A redução da mão de obra do setor secundário, a automação e outras variáveis diminuíram o dano que os operários podem causar em ações belicosas. O custo do fracasso, finalmente, diferencia as organizações dos assalariados das organizações do capital. Uma campanha empresarial malsucedida, em busca de uma legislação favorável, não acarreta desastres irreparáveis para o setor. Em geral, os capitalistas continuam na competição em busca de nova oportunidade.

A multiplicidade de efeitos do processo de competição entre grupos de interesse difere da singela expectativa de Tocqueville de que só um grupo seria privilegiado pelas decisões públicas. Os efeitos atingem positivamente mais de um grupo e, o que é igualmente relevante, ferem mais de um grupo. Nem mesmo a provisão de bens coletivos, universalmente benéficos, em tese, contraria algum grupo social. Paralelo ao processo tocqueviliano de aceleração nas demandas instala-se o efeito reverso da prática democrática, a saber, a geração de descontentes, não porque ela não funcione, mas porque ela não pode, em períodos de produção cumulativa de riquezas, e tanto quanto as políticas de austeridade, atender equitativamente a todos.

Aceleração e diferenciação de demandas associadas à multiplicidade de efeitos das políticas governamentais e aos efeitos reversos da competição democrática são os assistentes inevitáveis do capitalismo maduro em condições de universalização dos direitos políticos. Fica suspensa de investigação empírica rigorosa a conclusão sobre as dificuldades do sistema, independentemente do tipo de política, distributivista ou austera, em curso. O golpe parlamentar de 2016 constitui um dos desenlaces possíveis de processos críticos derivados da ecologia política das sociedades capitalistas, submetidas à competição tocqueviliana e a efeitos da prática democrática. O capítulo a seguir buscará descrever como se formaram as condições para o desenlace e como se caracteriza operacionalmente a figura do golpe parlamentar em democracias representativas de massa.

CAPÍTULO 5

Da democracia e seu bastardo: o golpe parlamentar

Não sei em que extensão mundial a tese é verdadeira, mas no Brasil nem os liberais morrem de amores pela democracia, nem os empresários são apaixonados pelo livre mercado. O empresariado busca constantemente liquidá-lo, criando monopólios, cartéis e oligopólios. Em sua maturidade, ou degenerescência, o capitalismo abandona o atendimento a preferências dos consumidores, baseado na competição, e se empenha em condicionar as necessidades das pessoas, asfixiando o livre mercado e impondo a hegemonia dos grandes conglomerados.[83]

A crise internacional do capitalismo, ainda em curso, provocada pela irresponsabilidade do sistema financeiro norte-americano, submergiu a economia internacional e, como desastre, representa o segundo grande marco da vitória histórica dos sistemas de interesse. O primeiro, a queda do Muro de Berlim, ruiu como monumento às avessas, celebrando o fracasso da ousada tentativa de construir uma sociedade assentada sobre a solidariedade. Sem inovações institucionais capazes de adequar uma economia complexa à superação do lucro como núcleo vivificador da produção, a futura nova sociedade serviu-se do abastardamento das instituições políticas predominan-

---

83. Em *Throwing Rocks at the Google Bus* (Nova York, Penguin, 2016) Douglas Rushkoff expõe minuciosamente a estratégia das corporações para liquidar a competição e condicionar a pauta dos consumidores, levando-os a crescente endividamento.

tes nas democracias capitalistas, partidos e eleições, para ao final desvirtuar-se economicamente na contrafação do mercado negro, e politicamente na centralização e corrupção burocráticas.

O socialismo visionário fica adiado para quando as condições materiais da produção forem compatíveis com os ideais de sociedade sem a supremacia do valor de troca como caução dos laços comunitários. Antes, na sequela da crise mundial de 1929, também originada nos Estados Unidos, deu-se o início de políticas sociais mais sistemáticas e consistentes, lá e na Europa, e, depois da tragédia da II Guerra Mundial, ocorreu a expansão do então recém-batizado Estado de bem-estar. O desastre iniciado em 2007, ao contrário, ocasionou o desmanche mundial da rede de proteção construída no último meio século.[84] O medo do socialismo, uma sombra indubitavelmente associada ao equilíbrio empresarial nas disputas com os assalariados, havia desaparecido, e mesmo as tradicionais sociais-democracias europeias empalidecem diante da avalanche mundial do capital financeiro. O socialismo não se manteve como opção realista ao capitalismo contemporâneo, e o mundo presencia, pela primeira vez a sério, um capitalismo sem competidores.

Esse foi o segundo e essencial indicador da predominância do interesse sobre qualquer ponderação alheia à contabilidade de lucros, meta natural da operação de um Estado impropriamente denominado neoliberal. A nomenclatura contraria a experiência registrada em anais. Nenhuma época anterior à que se classifica atualmente como liberal testemunhou uma ordem de dominação tão nua de propósitos conciliatórios com os segmentos dominados. É com a conversão mundial à tese do crescimento econômico como excelsa e desregulada finalidade dos governos que a defesa de medidas indiferentes às externalidades de mal-estar adquiriu a armadura liberal de que, tendo em vista o crescimento, não há alternativa moderada (TINA = there is no alternative) às políticas radicais escolhidas. Mas

---

84. Cf. Kurlantzick, op. cit., particularmente cap. 4.

o estágio, supostamente submetido à consigna Tina, não indica a ressurreição de algum pretérito liberalismo; consagra, antes, o catecismo econômico das versões de inspiração dogmática e predatória. A desesperança até mesmo da capacidade de a social-democracia europeia resistir ao ímpeto demolidor do capitalismo desregulado não é sinônima do estado de espírito que nos tornaria, conforme a ironia de Colin Crouch, "todos, agora, (parcialmente) liberais".[85] A benigna e temporária associação entre reduzida taxa de desigualdade e elevada densidade sindical, em países de capitalismo maduro, embora capaz de assegurar algum ritmo de desenvolvimento (e assim arrefecer o drama do desemprego), não garante à população o conforto de que era capaz a rede de proteção pretérita.[86] Mais agudo e assustador que o sentimento de desigualdade é o de insegurança, com a volta dos riscos à saúde, à educação, à aposentadoria e ao emprego.[87] A velhice ameaça transmutar as pessoas em trambolhos a serem ocultados, e a maturidade, submissa à armadilha de um darwinismo social aleatório. Entre os vislumbres da decepção com a política, fortalece-se a suspeita de que, em extraordinário recuo histórico, as instituições não servem mais de anteparo à armadilha malthusiana, mas de enfartado obstáculo a que ela seja desativada.

A substituição da sociedade de bem-estar pela sociedade obcecada com a acumulação permanente impede a atual população trabalhadora de adquirir relativa segurança quanto ao presente e, sobretudo, quanto ao que a espera ao desligar-se voluntária ou compulsoriamente da vida economicamente produtiva. Tudo estará sempre em risco. Com atraso de quase uma década, o Brasil se

---

85. Crouch, Colin, *Making Capitalism Fit for Society*, Cambridge, Polity, 2013, título do cap. 2.
86. Cf. os resultados obtidos por Crouch *in ibid.*, p. 99 e tabela A.8, Apêndice 5, p. 112.
87. Estudo pioneiro e extraordinário encontra-se em Hacker, Jacob S., *The Great Risk Shift: The New Economic Insecurity and the Decline of the American Dream* (ed. revista e ampliada, Oxford University Press, 2008 [2006]).

aproxima do padrão reacionário do mundo moderno, antecedido por recente inovação política do capitalismo: um golpe de Estado com origem e sustentação parlamentares. A inclusão de participantes fora do circuito parlamentar oficial não invalida a tese de que o comando de todo o processo permanece em mãos de parlamentares profissionais, com ou sem mandato eleitoral na ocasião. Afinado com o mundo exterior, o processo de impedimento presidencial ocorrido em 2016, no Brasil, destinou-se a impedir a desmontagem da armadilha malthusiana nacional, que a substituía por cuidada malha de políticas protetoras. Naturalmente, este não poderia ser um programa racionalmente apoiado pelo voto, como não o foi.

Participantes de revoluções e golpes de Estado estão obrigados a conspirar antes e tomar a decisões velozes, uma vez no governo. Pesa menos o tempo que antecedeu a tomada final do poder do que atos iniciais confirmando a chegada dos tempos anunciados pelos revoltosos. Parte das medidas imediatamente promulgadas encontrava-se embuçada por razões de segurança do processo e de seus líderes. Golpes de Estado, adubados em segredo, ou, se suspeitados, sem contramedidas preventivas, movem-se pela urgência de assegurar a adesão do público que pretende estar representando. O necessário caráter velado da preparação introduz dramático dilema na programação dos conspiradores golpistas: o obrigatoriamente limitado número de pessoas envolvidas não garante certeza prévia de elas que obterão suficiente apoio de outros círculos para bem-sucedido final; cautela excessiva no recrutamento, entretanto, ameaça diluir o ânimo revolucionário, convertendo-o em desgastantes atividades preparatórias e procrastinadoras. As Revoluções Russa e Cubana, processos, respectivamente, de breve e longa duração no século XX, são exemplos de sequências rápidas, depois de conquistado o poder, envolvendo, nos dois casos, radical reforma agrária e imediata ocupação das mesas operadoras do Estado.

A ditadura brasileira de 1964 a 1985 teve início como uma quartelada de obscuro general, Olympio Mourão Filho, em comando de tropa sem maior expressão, mas, rompendo a hesitação dos grupos conspiradores, documenta com exuberância as vacilações de cada grupo, o temor de eventual reação de tropas legalistas, dúvidas sobre, quem sabe, inoportuna precipitação do movimento. Ao circular a informação da aposta do general insurrecto, os líderes das várias cavilações tentaram fazê-lo recuar, assustados com o vulto do empreendimento. Inconsistências de convicção e de resolução, titubeios durante o nebuloso período das primeiras horas, tudo bem diferente da sobranceria e autopromoção posterior de "chefes" oficiais das três armas. Ao contrário dos fracassados revoltosos de Aragarças e Jacareacanga dos anos 1950, durante o governo de JK, perdidos por sofreguidão, os golpistas de 1964 iam fracassando por tibieza, não fora o lance aventureiro de quem, em matéria de política, se considerava "uma vaca fardada".

Elio Gaspari narra, no primeiro volume de sua tetralogia sobre o golpe de 1964, episódios que retiram qualquer dramaticidade heroica da quartelada. Da circense anotação do comandante do motim, general Mourão Filho, em seu diário, de que devia ser o primeiro general, depois de iniciar uma revolução, a pôr o pijama e ir dormir, ao outro líder, general Luiz Carlos Guedes, anotando não tomar iniciativa em lua minguante, e daí, finalmente, ao medo generalizado dos conspiradores do Rio de Janeiro, tentando por todos os meios evitar o que lhes aparecia como desastrada aventura – de tudo surge a impressão de que, se o golpe dependesse de decisão coordenada, jamais teria sido dado. A extensão da fragilidade do governo se comprova pela marcha sem obstáculo de meia dúzia de recrutas mal adestrados até a fronteira do estado do Rio de Janeiro, onde se aquartelaram por decisão própria. Em 48 horas o presidente João Goulart estava deposto. O apoio ao governo legal, difuso, não era suficientemente intenso para transformá-lo de passiva em ativa resistência ao golpe fulminante.[88]

---

88. Cf. Gaspari, Elio, *As ilusões armadas*, 4 v., v. 1, *A ditadura envergonhada*, 2ª edição revista, Rio de Janeiro, Intrínseca, 2000, especialmente p. 47-84.

À rapidez da ocupação dos órgãos estatais e imobilização dos oponentes imediatos, por ameaças sussurradas ou prisões sumárias, juntam-se as medidas desarticuladoras do governo decaído, substituindo-se pessoas e diretrizes de ação. Em golpes parlamentares, a aparente manutenção da ordem legal facilita a cumplicidade do Legislativo, aprovando rapidamente medidas que hão de esboçar o perfil do governo golpista. A velocidade do golpe de mão se vale da perplexidade momentânea dos apoiadores do governo caído para recuperar a atmosfera rotineira de governos constitucionais. Inevitavelmente, o conjunto de pessoas exercendo posições na situação anterior se transforma automaticamente em oposição, à exceção dos oportunistas convertidos à nova ordem. A base social do governo deposto reage com elevada dose de emoção, por ver adversários desmanchando o que sustentaram com seu apoio e voto, e, irritadamente, por indignação quanto à forma traiçoeira como ocuparam o poder.

O tradicional e democrático jogo político por negociação transforma-se num *chicken game*. Nesse tipo de jogo, o movimento sorrateiro de um jogador coloca o outro em paralisante indecisão. Se, mantendo a disposição de considerar o novo grupo indigno de conversação, a nova oposição, em balanço, se amputa dos recursos parlamentares para reduzir o impacto das medidas do novo governo; se, escolhendo a alternativa, utiliza a arena parlamentar para obter mudanças nas propostas do novo poder – estará *ipso facto* concedendo-lhe autoridade legítima para negociar políticas públicas. Não há, nos *chicken games*, alternativa de contra-ataque positivo. Qualquer mudança é para pior. A contínua rejeição da legitimidade do novo poder reitera o caráter do jogo, visto que torna cada vez mais custoso, politicamente, admitir negociações com ele. A nova oposição brasileira, criada pelo golpe parlamentar de 2016, enfrenta precisamente as armadilhas de um *chicken game*. Mas, ao contrário de 1964, esse jogo não resultou de um desafio militar, mas de golpe parlamentar manipulando socorro constitucional, que lhe tem sido largamente concedido pelo Legislativo e pelo Judiciário. Economia e política contribuíram para o desenlace.

Em 1964, o lance voluntarioso de Mourão Filho, colocando meia dúzia de rapazes na estrada e, magnanimidade indicativa de seu desequilíbrio de percepção, mandando para casa, sem prender, os oficiais leais ao governo de João Goulart, foi suficiente para encurralar Jango em um *chicken game*: ou ele recuava politicamente ou bombardeava os recrutas de Minas, como aconselharam alguns próximos. Ao contrário da difundida opinião extremamente negativa sobre sua capacidade decisória, o presidente revelou total consciência da escolha trágica diante de si: recuar, sabendo que a última parada seria o exílio, despedido do poder, ou atender a conselhos belicosos que lhe foram repetidos no Rio de Janeiro, em Brasília depois, finalmente em Porto Alegre, antes de embarcar para o Uruguai, como o fez. A passividade militar com que o golpe histriônico foi recebido revela, pelo avesso, a violência que muito provavelmente se seguiria a qualquer resposta sangrenta do governo em deterioração. Se Jango foi levado ao despropósito, no comício do Automóvel Clube do Rio de Janeiro, sob a obrigação de desmentir o juízo equivocado de ser um conciliador, ele comportou-se com perfeita sensatez na hora do confronto: o jogo estava perdido, e embora iniciado sem conciliábulo prévio, só faltava decidir a recompensa de cada um dos participantes. Em 2016, o roteiro, sobretudo o preço, já estava combinado. Contudo, o hematoma do tranco não parece de fácil absorção, faltando-lhe o contexto de indiferença democrática de que sofrem, segundo alguns, as democracias representativas do resto do mundo.

Pouco mais de 60 anos depois da II Guerra Mundial, a evolução do calendário eleitoral revelou a vulnerabilidade de análises políticas por extrapolação de tendências de curto prazo. Naturalmente, curto e longo prazos são conceitos relativos ao que está sendo analisado; no caso, comparecimento e abstenção eleitorais. A perspectiva modernizante dos anos 1960 foi substituída pela tese da indiferença, a partir dos 1990, aqui ilustrada, por exemplo, por Peter Mair, já citado. O movimento ondulatório assentado no trajeto inteiro se insere em percurso evolucionário evocativo de outra figura geométrica: a espiral. O número de países vivendo com variantes das instituições de democracia representativa aumenta desde 1945, apesar de retrocessos temporários a períodos autoritários. É plausível extrair dessa sucessão o enredo caracterizado por número cada vez menor de países com recaídas autoritárias, por década, ao mesmo tempo que a retomada democrática se dá por cooptação de novos membros da lista de países independentes. Assim, o conjunto de democracias representativas é maior a cada superação de recaídas ditatoriais. O grafismo correspondente se assemelha a uma espiral, dentro da qual, então, se processaria o movimento ondulatório do comparecimento eleitoral. A tendência aponta para o estágio em que, a rigor, seria residual o depósito de países ainda não democratizados. Por consequência, países em eventuais recidivas ditatoriais agora não retornariam a um universo democraticamente mais rico do qual se haviam afastado, mas ao mesmo cenário de comunidades rotineiramente democráticas, só que amputados de músculos essenciais a sua efetividade.

Com a hegemonia ideológica da institucionalidade representativa, a democracia perderia eficácia como forma de solucionar crises agudas entre elites, alimentando a crença de que cumpre à necessidade a função de parideira de modelos superiores de organização social. Daí a febril geração de modelos reformistas pós-democracia, candidatos a antídotos das visões céticas, também em divulgação semicientífica. Contra utopias, naturalmente, projetam-se, como as de Robert Young e Aldous Huxley, por exemplo, sociedades inteiramente sustentadas na privatização do poder, mantidas por variável do tipo de proteína coercitiva. A extrapolação de tendências de curto prazo, contudo, costuma ser desmentida desde os documentos bíblicos. Às décadas de 1960 e 1970, ocupadas pela descolonização da África e de parte do Oriente, sucederam-se golpes militares que se perpetuaram até a sublevação da Primavera Árabe, sucedida por reinstalações autoritárias. A desagregação do círculo soviético promoveu o nascimento e renascimento de nações, em breve algemadas por lideranças não democráticas.[89] As dúvidas sobre a viabilidade da democracia em países de economia atrasada, típicas da década de 1960, retornaram com recarga energética no final do século.

Se a extrapolação de tendências, em política, constitui metodologia pouco segura, a submissão a médias, em economia, é desastrosa. A ideia de um processo substantivo com tempo normal, do qual altos e baixos, crescimentos e recessões, fossem apenas desvios acoplados a confiável e regular fluxo, na verdade esconde uma excursão de impossível retorno. Ainda que a previsão de infinita epifania participativa encontrasse comprovação nas taxas de comparecimento dos anos 1950-1980 na maioria temporária das democracias representativas, as incertezas econômicas posteriores aos Dourados Trinta Anos Capitalistas do mundo desenvolvido contaminaram o desempenho do sistema político, em vias de sofrer o duplo assédio da indivisibilidade dos efeitos das políticas públicas e dos efeitos reversos da democracia. Incertezas e dúvidas estão registradas não tanto nas oscilações do comparecimento eleitoral, mas nas constantes e crescentes avaliações negativas da operação do sistema, emitidas pela opinião pública, quando não pelo ceticismo com a própria organização democrática. Hoje, a bibliografia melancólica dos analistas aponta para apatia definitiva, extrapolando controvertida tendência para a alienação eleitoral. A inserção do momento brasileiro entre o otimismo ingênuo e o desespero terminal define as condições sociais e econômicas favoráveis à estreia, no país, de acrobático golpe parlamentar.

Ficaram registradas as modificações maiúsculas na ecologia política brasileira, indicando a natureza predominantemente urbana

---

89. Registros das tribulações democráticas encontram-se em Kurlantzick, op. cit., e Norris, Pippa, *Why Electoral Integrity Matters*, Nova York, Cambridge University Press, 2014.

de sua vida comunitária, a explosão do contingente de eleitores, as convincentes taxas de participação eleitoral, a diferenciação social correspondente a dinâmico processo de divisão social do trabalho e a notória capacidade agressiva dos empresariados, bem como das organizações sindicais operárias. Censos mostraram a exuberante mobilização de interesses parassindicais, particularmente nos últimos 10 anos, difusa pelo país inteiro. O quadro é ainda mais complexo, pois, ao contrário de momentos críticos anteriores, o sistema eleitoral e partidário brasileiro nacionalizou-se, trazendo para o núcleo da política institucional três zonas geoeconômicas de reduzida importância até há duas décadas: Norte, Nordeste e Centro-Oeste.

A comparação entre o crescimento populacional e o eleitoral oferece retrato aproximado da evolução populacional e eleitoral das regiões brasileiras, pois não desconta o hiato de tempo entre nascimento e qualificação como eleitor. Os valores da diferença, todavia, entre os anos assinalados são de tal magnitude que o fenômeno da conversão cívica, como o denomino, é evidente. No Norte, a população cresceu 456%, entre 1950 e 1991, e o eleitorado, no mesmo período, 1.426%; no Nordeste, população e eleitorado, respectivamente, 136% e 655%; no Centro-Oeste, população e eleitorado, no mesmo período, cresceram respectivamente 442% e 1.650%. Em comparação, no Sudeste, região mais povoada, a população aumentou em 178%, e o eleitorado, 649%. No Sul, finalmente, no mesmo período e na mesma ordem, 182% e 780%.[90] A contribuição dos pequenos partidos para a nacionalização da rivalidade eleitoral foi crescente, a despeito da crítica, unilateral e desproporcional, de que a razão de existência desses partidos seria vantagem financeira para aluguel de legenda e tempo de televisão.[91]

---

90. Para estudo sobre o desenvolvimento recente da política brasileira, ver, Santos, *Horizonte do desejo*, op. cit.
91. Em estudo minucioso da evolução de todas as legendas nas circunscrições federal, estadual e municipal, Fabrícia Guimarães e o presente autor avaliaram

Essa é a sociedade, objeto dos diagnósticos de multissecular imobilidade, como se nada alterada desde a chegada de Pedro Álvares Cabral, exceto para pior, nas descrições de humor duvidoso. O exagero caricatural serve de juízo hiperbólico sobre a estagnação crônica do país, manietado pela reação conservadora, seja das sucessivas gerações políticas, desde o Segundo Império, seja por alegado e invencível estamento burocrático, vindo talvez do início da história independente nacional. Não obstante o prestígio de algumas, tomo por fúteis tais análises e dou por assente que a sociedade brasileira é contemporânea do século XXI, compartilhando com a maioria das democracias representativas os transtornos atuais, inclusive ao comboiar vestígios da oligarquia representativa, que precedeu a todas.

Indiferente às teses imobilistas, o índice de Gini, medida de desigualdade de renda dos países, embora estacionado durante 30 anos em torno de 0,600 (1970-2000), no Brasil, percorreu razoável redução de 0,627 a 0,584, entre abril de 2002 e abril de 2008. Estes são os dados apresentados por Marcelo Neri em volume por ele organizado sobre *A nova classe média*.[92] Dois anos depois, em *A nova classe média: o lado brilhante dos pobres*,[93] Neri escreve que, entre 2001 e 2009, a renda *per capita* dos 10% mais ricos da população cresceu 1,5% ao ano, taxa largamente inferior à dos 10% mais pobres, aumentada à taxa de 6,8% ao ano. Tanto a conclusão, o surgimento de enorme classe média na estratificação social brasileira, quanto os números apresentados e a metodologia obedecida na investigação têm sido contestados. O ligeiro dogmatismo com que os economistas costumam menoscabar as demais áreas que estudam os negócios humanos não conta com fundamentos inabaláveis nem

---

com realismo facetas relevantes da participação dos pequenos partidos na dinâmica eleitoral brasileira. Cf. Santos e Guimarães, *A difusão parlamentar do sistema partidário*, op. cit.
92. Rio de Janeiro, Centro de Políticas Sociais, Editora da FGV, ago. 2008, p. 16.
93. Ibid., 2010, p. 10.

entre os práticos da disciplina. Fora da unanimidade tosca de que o Brasil permanece cabralino, o debate sobre as caraterísticas do desenvolvimento nacional é bastante sofisticado.

Sofisticado e polêmico. Dois artigos publicados em *A crise do crescimento do Brasil*, organizado por Regis Bonelli e Fernando Veloso,[94] tratam, contraditoriamente, do decrescimento da economia brasileira entre 2011 e 2015, do decréscimo do PIB *per capita* médio e mediano de 184 países, quando comparados, todos, ao período imediatamente anterior, 2003-2010. Ou seja, as medidas de decréscimo, no período mais recente, são derivadas do que tenha acontecido nos 184 países no período anterior. Por aí se verá se a economia brasileira se saiu melhor ou pior do que as demais no enfrentamento da última crise mundial. A fonte de enorme banco de dados, aceitos sem reserva, foi o relatório *World Economic Outlook*, publicado pelo Fundo Monetário Internacional em outubro de 2015. No período, a taxa de desaceleração do Brasil teria sido –2,7, contra a média de –1,1 dos demais países, e mediana de –0,8.[95] Mas eis que nova comparação se apresenta, com os dados nacionais e internacionais contrastados aos resultados obtidos pelos mesmos cálculos, mas entre dois intervalos de tempo diferente: 2009-2015 e 2003-2008. Pelos novos cálculos, em períodos alterados, o Brasil resiste mais na média que os demais países (–2,0 do Brasil contra a média de –2,2 dos 184).[96] Entre *bad luck* ou *bad policy*, a conclusão inocenta a política seguida, optando por creditar aos azares do acaso a interrupção recente do crescimento da economia brasileira.

Borges explica a diferença por razões estritamente conjunturais do período 2009-2011. Todavia, às 21 páginas de "Bad luck or bad

---

94. Rio de Janeiro, Ibre-FGV, Elsevier, 2016.
95. Cf. Borges, Bráulio, "*Bad luck or bad policy*: uma investigação das causas do fraco crescimento da economia brasileira nos últimos anos", in Bonelli e Veloso (orgs.), op. cit., p. 24.
96. Idem.

policy", Samuel Pessôa responde com elegante comentário de 19 páginas, no mesmo volume, refutando praticamente toda a argumentação. Agora adianto a conexão com o presente texto: Pessôa atribui os resultados negativos do país não à *bad luck*, mas à *bad policy*, especificada em 13 medidas, ingredientes do que teria pretendido ser uma Nova Matriz Econômica (NME). A conclusão de Pessôa rejeita qualquer resultado positivo à condução de política econômica, prevendo que o futuro não será ocupado por nada além de ataduras de emergência no desastre provocado pela NME. No centro da crítica, o infalível problema das contas públicas.

Manter equilíbrio fiscal é princípio axiomático da administração pública. Em conjunturas anormais, claro, cabe ao discernimento dos governantes a proposta de iniciativas compensando restrição de gasto e deprimentes indicadores de crescimento e/ou emprego. A sabedoria encontra-se na boa dosagem; o dogmatismo, na imposição radical de uma ou outra. Como é usual, Pessôa considera o aumento na exportação de cocô industrializado das costas peruanas (guano, dejetos de pássaros acumulados na costa peruana, ricos em nitrogênio, adubo natural), um item crucial para o PIB *per capita* daquele país, mais relevante que o déficit fiscal brasileiro, de curto prazo, pela participação estatal, de uma ou de outra forma, na construção da usina de Belo Monte, ou à manutenção do segredo na tecnologia de pesquisas petrolíferas em águas profundas. O exemplo não é humorístico, o guano equivale ao que foi o café na pauta de exportação brasileira e, como este, identifica o tipo de economia de que é parte fundamental. A hidrelétrica de Belo Monte aponta para diferente universo econômico. Nenhum economista rejeita, é evidente, a modernização e o progresso material, cujas condições antecedentes sadias, contudo, só aparecem por extraordinário acaso. As condições antecedentes da Revolução Industrial não podiam ser piores, como reclamava Adam Smith, adversário do mercantilismo. O padrão que projetava era o de uma sociedade de livre contrato e livre comércio, pois indústria, tal como no século XIX brasileiro, referia-se a habilidade, destreza, quando muito a indústria agrícola, não a modo de produção, seja no Brasil do século XIX, seja na Inglaterra do século XVIII.

Não abono más decisões tomadas em qualquer administração brasileira, mas não foram certamente erros de Vargas, depois de 1930, que garantiram com suas medidas economicamente irracionais o início mais consistente da industrialização nacional. Nem a fatura inflacionária e de desequilíbrios regionais legados por JK, contra a racionalidade austera de Eugênio Gudin e a reacionária de Gustavo Corção, que impediram a transformação veloz da estrutura industrial do país. São a "equívocos" semelhantes que os conservadores atribuem a manutenção do nosso atraso. Se assim fosse, os críticos do que consideram irresponsabilidade financeira deviam talvez agradecer ao Cristo Redentor o fato de que, "depois de crescer 7,4% ao ano entre 1950 e 1980, o crescimento do PIB desabou para 2,6% anuais entre 1980 e 2014".[97] Esses dois Brasis, o de Vargas e JK, com as taxas de crescimento mencionadas, e o de analistas como o meticuloso Samuel Pessôa são competidores. Um adere inflexivelmente à temperatura local usando termômetro internacional; outro avalia a temperatura internacional com termômetro nacional. Se a analogia é obscura, caracteriza-se, uma escola, por prudente análise de curto prazo, limitada a objetivos recomendados por específica tradição acadêmica, e toma o cenário internacional constituído por condições estáveis por tempo indeterminado; outra escola busca alterar no mais breve prazo realizável a posição nacional na estrutura cambiável do mundo externo. São ideias competindo pelo perfil presente e futuro do país. Preferências não são consequências de corretos teoremas, reduzindo à sóbria razão lockeana os devaneios da ignorância, mas resultado de operações subjetivas ainda razoavelmente misteriosas, mas a que não está ausente forte identidade de classe.

---

97. Cf. Bonelli e Veloso, op. cit., p. xiv.

A última e ainda em curso crise mundial trouxe menos marola aos dogmas integrantes da profissão de economista que impactos na economia nacional. A estrondosa evidência de que a disciplina não é capaz de evitar a recorrência dos ciclos econômicos tem sido impotente, não obstante, para impedir que os práticos sugiram as mesmas medidas que, no longo prazo, são responsáveis pelas agruras do momento. Mais do mesmo, em algum momento mergulha em buracos negros, isto é, na linguagem de Engels, a quantidade se transforma em qualidade, adaptável, no caso, para o adágio de que a qualidade também se transforma em quantidade. Ou ainda, em linguagem de Hyman Minsky, a estabilidade contínua gera instabilidade. Não havendo como interromper voluntariamente a estabilidade, nem há quem o deseje, a sucessão de instabilidades e estabilidades é inerente ao capitalismo. Para haver recessão basta haver expansão, na aparente fraude argumentativa de Clemente Juglar. Ou seja, o oposto do otimismo do auge capitalista, nas décadas finais do século XX, expresso na certeza profissional de que as pressões críticas intermitentes teriam sido domadas e esterilizadas.[98]

Em generalização de elevado poder de convencimento, James Gailbraith observa, contrariamente ao rude determinismo hegemônico da Hipótese dos Mercados Eficientes, que a repetição do mesmo (qualquer tipo de política) tende, não linearmente, a gerar vários futuros alternativos, todos compatíveis com o estado presente e, portanto, possíveis e viáveis. Comoções adversas sempre aguardam depois de algum cenário encantador. Em consecutivas mudanças intermediárias, em momento não esterilizável,

> finalmente ocorre [a] transição para um estado denominado "caos determinístico". No estado caótico, embora a próxima etapa esteja

---

98. Cf., por exemplo, para exposição e crítica dessa presunção, Quiggin, John, *Zombie Economics: How Dead Ideas still Walk among Us*, Princeton, Princeton University Press, com novo capítulo, 2012 [2010].

perfeitamente determinada por equações, o resultado efetivo oscila imprevisivelmente nos limites do sistema. Saber onde você está ou até conhecer a história passada do sistema nada informa sobre onde você estará no momento seguinte.[99]

Parte do conteúdo desses buracos negros, responsáveis pelo caos determinístico, são as condições embutidas na cláusula *coeteris paribus*, entre as quais os fenômenos que coabitam o mundo humano, a saber, as relações sociais e políticas. A análise de crises políticas contradiz a tese de que circunstâncias socialmente desconfortáveis resultem sempre de desvarios da condução política. Ela não goza de certeza científica, assim como é precária a tese de que a ciência econômica dispõe de eficiente receita para superá-las. Mais do mesmo, diria Hyman Minsky, não opera invariavelmente de modo uniforme.

As médias que serviram para embaraçar o argumento de Pessôa e, neste particular, o de Borges também não contam a história que efetivamente interessa, a passagem da economia à política, não ao próximo capítulo do tratado. A história, em última análise, é que ilumina as características da ecologia social e econômica do golpe parlamentar. A realidade exige ser cuidada de forma ainda mais severa e paciente do que séries de emissões de dinheiro e de livros-caixa renascentistas. Em provocativo estudo no mesmo livro, "Auge e declínio da indústria no Brasil", acredito que em homenagem a clássico ensaio de Maria da Conceição Tavares, Regis Bonelli e Armando Castelar Pinheiro buscam explicar o que aconteceu com a economia brasileira durante 67 anos, o período nada modesto de 1947 a 2014. Os historiadores e metodólogos da economia não deixarão de polemizar com aspectos particulares do estudo, mas acredito que, não obstante, será reverenciado tanto

---

99. Gailbraith, James, *The End of Normal*, Nova York, Simon and Schuster, 2014, p. 89. Crítica sistemática e devastadora da grande Hipótese da Eficiência dos Mercados encontra-se em Quiggin, op. cit.

quanto o subliminarmente homenageado "Auge e declínio do processo de substituição de importações". Não à toa, por certo, encontram robusto e nefasto período de "dessubstituição de importações na indústria de transformação, contribuindo para o fraco desempenho do setor nesse período".[100] De passagem, vale a pena registrar que uma das razões oferecidas para alguns resultados negativos teria sido a política de concessões de benefícios a segmentos industriais (crítica também presente nos comentários de Samuel Pessôa à chamada Nova Matriz Econômica), medida nada recomendável pela hipótese da eficiência dos mercados. Introduzi esta cláusula, embora não textualmente escrita em nenhum dos dois estudos,[101] porque é premissa do consenso acadêmico e merece tratamento explícito.

A concessão de benesses fiscais a segmentos da indústria equivalia aos pagamentos laterais em análise de produção de bens coletivos, na razoável expectativa de que houvesse a recompensa de redução de preços, benefício definitivamente universal. Desacompanhados de avaliação de desempenho do setor diretamente agraciado, desaparecia igualmente a possibilidade de punição a fraudes, mediante supressão da benesse. Sem controle, o favor fiscal transformou-se em contrato social unilateral, responsável pela variação positiva dos preços industriais relativos do setor, sem concomitante aumento de produtividade. A variação a passo de lesma da produtividade do capital (brilhantemente analisada por Regis Bonelli no capítulo 3 do mesmo livro, "Sobre o enigma do lento crescimento brasileiro"), resulta da reduzida taxa de inversão, provavelmente acompanhada por crescente margem de lucros dos segmentos beneficiados. A proposta implícita na renúncia fiscal do governo e a resposta predatória do setor privado não existem como causa e efeito necessários, mas lances possíveis em contextos não

---

100. In Bonelli e Veloso, op.cit., p. 209.
101. Ibid.; Pessôa, in ibid.

determinísticos. Ao universo fechado das teorias não corresponde um universo clandestino da economia social – já lá vão outros 60 anos desde que Karl Polanyi advertiu os práticos. Se não é razoável exigir que cada profissional examine holisticamente os fenômenos, robustecer análises particulares com contribuições de disciplinas conexas favorece o entendimento do fenômeno.

É o caso, sugiro, do estudo de Bonelli e Castelar. A explosão de associações ligeiramente descritas no capítulo 2 ganha inteligibilidade com a demonstração exaustiva da transformação estrutural da economia, ao longo dos 67 anos, a translação da população economicamente ativa do setor primário para o secundário (indústria, construção civil) e terciário (serviços). Ano a ano, o desempenho de todos os setores (e das rubricas que os compõem), posteriormente traduzidos em médias, aparece em sua evolução trôpega, subindo e descendo, com sinais ora positivos, ora negativos, traçado que as simplificadas equações de renda (investimento multiplicado por produtividade) são incapazes de explicar. Pertencem a esses interstícios de comportamento e suas oscilações o conjunto de interrogações propostas às demais disciplinas sociais. Não basta, seja dito de passo, que eventualmente se esclareça um resultado econômico por certa variável política; resta acompanhar como tal resultado reintroduziu-se na complexa vida das comunidades, alterando os parâmetros da própria atividade política.

Longas séries de informações permitem corrigir inferências antigas, apoiadas, estas, em diminuto conjunto de evidências. Entre 1953 e 1993, por exemplo, o índice de preços relativos da indústria só sofreu decréscimo em três dos 40 anos (2010 = 1,0), com desempenho superior ao do PIB total do país, de 1950 a 2010. Entre 1949 e 1961 a produtividade do trabalho cresceu a uma taxa anual de 6,1%, mas a relação entre taxa de crescimento do PIB e produtividade do trabalho aparece com mais nitidez, e seu movimento "deterministicamente caótico" se mostra mais claramente no período 1990-2014.[102] Ali está evidente que, ao longo de todos esses 25 anos, somente em 1996 e 2013 a produtividade do trabalho, registrada em horas trabalhadas, foi superior à taxa de crescimento da economia, da qual dependia a variação positiva dos preços relativos da indústria. Os anos de bonança e balanços anuais excelentes não convenceram o empresariado de que o aumento da produtividade do trabalho, como saldo de investimento tecnológico, apontava para lucros seguros e substanciais no futuro. A busca de inovação por via de acumulação de capital produtivo tem sido marginal na economia brasileira.

Por caminhos sinuosos, verifica-se, correção importante, que as campanhas nacionalistas das décadas de 1950 e 1960 em defesa dos recursos naturais e da burguesia nacional brasileira foram devidamente aproveitadas pelo empresariado, nacional e estrangeiro, sem benefícios significativos para a população ou para o operariado, em particular, cujo padrão de vida só viria a alterar-se a partir do ano 2000. Mas, então, a burguesia nacional abandonara totalmente a postura nacionalista, até mesmo para efeito de propaganda. O nacionalismo exauriu-se como recurso para alianças políticas e eleitorais, e, como o comprova o golpe de 2016, como em 1964, em momentos críticos o caminho preferencial do empresariado tem sido aliar-se ao conservadorismo. A instabilidade do crescimento econômico brasileiro traduz sobretudo o extenuante combate entre as tentativas de inclusão econômica e social da massa empobrecida, gerada pelo crescimento capitalista (vide Alexis de Tocqueville e Karl Marx), e a resistência da plutocracia empresarial e financeira.

Em uma de suas tiradas sobre a psicologia dos europeus e dos anglo-saxões, elaborada e desenvolvida tecnicamente sob as rubricas de propensão marginal ao consumo e à poupança, John Maynard

---

102. Cf. in Bonelli e Veloso, op. cit., capítulo 3, "Sobre o enigma do lento crescimento brasileiro", gráfico 1, p. 63, e ainda a análise de Bonelli acerca da produtividade econômica brasileira.

Keynes percebeu que europeus e americanos, quanto mais ricos, mais sovinas; e quanto mais pobres, mais perdulários. Coube a Hyman Minsky completar a observação de que, em períodos de crescimento sustentado, estável, os participantes do mercado financeiro acabam descontentes com a taxa normal de retorno das aplicações.

Em busca de elevadas taxas de retorno para os investimentos, [os participantes] assumem maiores riscos, com apostas confiantes em grande financiamento de terceiros [alavancagem]. Posições financeiras antes asseguradas pelos fluxos históricos de renda são substituídas, nos planos de apostas, por aquelas sobre as quais se sabe antecipadamente que irão exigir refinanciamento. *Essas são as apostas especulativas*.[103]

A competição entre apostadores de igual propensão especulativa desemboca em crise, como está repetidamente registrado na história. O sucesso imediato dispara o mecanismo de caça à maior taxa de sucesso, elevando exponencialmente os custos de derrota.

O desastre econômico mundial iniciado em 2007-2008 contou com a irresponsabilidade dos especuladores financeiros, acompanhados agora por uma multidão de assalariados que a inclusão social do Estado de bem-estar promoveu a confortáveis níveis de renda. Perdulários como pobres keynesianos, mas ambiciosos como cidadãos tocquevillianos, eles cederam à tentação de fabulosos esquemas de crédito, associando os próprios destinos ao desatino dos especuladores, em crise de neurótica propensão marginal à predação econômica. Não há registro de que o silêncio cúmplice do governo norte-americano indique qualquer surto petista nos dois George Bush, em Bill Clinton ou Barak Obama. O endividamento pessoal pela via de exacerbada mobilização de crédito adquiriu celebridade mercadológica como modalidade de investimento e ascensão na pauta de consumo dos assalariados. Na essência, a estação

---

103. Gailbraith, op. cit., p. 87-88, grifos do original.

social dos assalariados transferiu-se, "de eventual inabilidade de atender a necessidades básicas, contando com a renda corrente, para a ansiedade com possível incapacidade de honrar pagamentos de juros sobre compras supérfluas, contando com renda futura".[104] A ambição desmedida, por comparação ou endógena, era familiar, ainda que com leve preconceito, aos analistas do século XIX.

Desculpável miopia do aristocrata Tocqueville dificultou-lhe a percepção de que a voracidade acumulativa do capitalismo não era exclusiva dos recém-chegados à periferia da afluência, mas contagiaria todos os envolvidos na produção e consumo de bens e valores. A Minsk esteve oclusa a previsão de que oportunidades de especulação de natureza distinta da manipulação financeira seriam oferecidas a modestos assalariados, em tempos de bonança econômica, pelo mecanismo da universalização e banalização do crédito. Por insaciabilidade de lucros crescentes ou retroalimentados processos de diferenciação do leque de desejos, a escalada de demandas sem regulamentação metamorfoseou-se em implacável fonte geradora de graves tensões em democracias representativas de massa. A euforia com a dedicação integral à redução da desigualdade e promoção econômica dos pobres e miseráveis, mantida durante os dois mandatos presidenciais de Luiz Inácio Lula da Silva, anestesiou governo e público para os riscos embutidos em todo o período de expansão da economia. Não é, contudo, trivial, em democracias representativas de massa, ainda quando a liderança política preserva atenção aos potenciais desdobramentos negativos, transmitir cautela a uma população secularmente subordinada à pauta dos endinheirados.

O efeito reverso da democracia soma-se à escalada de demandas retroalimentadas na formação de uma ecologia política efervescente, associada à inclusão econômica de vastos segmentos sociais. Entenda-se por "vastos" uma medida relativa ao estágio de inclusão pretérita. Extinguir a exigência de alfabetização para candidatos a

---

104. Ibid., p. 12.

eleitores pode significar vasta inclusão pela magnitude do contingente humano recompensado ou pelo número de novos eleitores tomados como proporção do eleitorado total anterior. Em geral, para os eleitores históricos, e crucialmente para os candidatos à representação política, o acréscimo será sempre considerado amplo. Converter milhões de pré-cidadãos à condição de eleitores demandantes força as instituições representativas a aberturas de participação que, embora constitucionais, permaneciam inativas. Em geral, os processos de democratização obedeciam a comandos constitucionais ou carta de direitos, sem efetivo cumprimento. Nos Estados Unidos, por exemplo, o famoso dístico de "Governo do povo, pelo povo e para o povo" ainda na década de 1960 era reivindicação prioritária dos negros. Em todos os países, a gradativa implantação dos valores historicamente liberais tem assustado sistematicamente não apenas os detentores do capital, mas, recentemente, as classes médias.

Relevante ainda para o ordenamento normal das democracias é o resultado da crescente complexidade da estrutura econômica, isto é, da divisão social do trabalho e da cissiparidade de interesses daí derivados. A consagração dos direitos de opinião, ideologia e organização favorece a congregação de pessoas de ocupação semelhante, desde que superados os obstáculos à ação coletiva. À participação eleitoral dos indivíduos acrescem os canais de pressão direta sobre legislativos e executivos em favor dos interesses peculiares a cada organização. O efeito reverso das democracias consiste, neste particular, em que, dado o contínuo processo de divisão social do trabalho, o sucesso organizacional de grupos, avaliado pela capacidade de extração de benefícios, estimula a constituição de outros grupos, representativos das novas profissões formal ou informalmente estabelecidas. Não há que entender o efeito reverso como afrodisíaco de coelhos, produzindo exponencialmente calouros da representação trovejando às portas das assembleias. Imagem mais apropriada do que o engarrafamento paralisante de Huntington por excesso de participação, o que se verifica é a criação de canais mais expeditos de decisão, ao lado dos processos tradicionais do Legislativo, aumentando, valha a metáfora, a velocidade do trânsito e o número de veículos (demandantes) autorizados a trafegar. A recomendação conservadora, com frequência bem-sucedida, de coação das demandas não se justifica por paralisia de processamento, mas por recusa de atendimento.

Não se esgotam na satisfação de um grupo as consequências da concessão de legislação benigna. Pela indivisibilidade dos efeitos das políticas públicas, são raras as oportunidades em que somente os diretamente interessados são contemplados. Efeitos colaterais naturalmente presentes em legislação estatal nem sempre indicam externalidades positivas. O conceito de externalidade negativa tem fundamento material em atividades predatórias: mineração, exploração submarina, gases fabris de natureza tóxica etc. – mas se aplica, eventualmente, a alteração legal do *status quo*, como concessão de terras, expropriação, alterações cambiais, valor da moeda etc. Em acréscimo, o sucesso de alguns subentende necessariamente o insucesso de outros grupos, que podem ser muitos.

Desde a aceitação de que só em decisão unânimes são absolutamente afastados os riscos individuais de sofrer externalidades negativas, não há decisão satisfatória para uns sem implicar descontentamento para outros.[105] Como é frequente em investigações sociais, esta análise lógica, rigorosa e bela dos modelos racionais de decisão deverá esperar mais 50 anos para ser descoberta como antecipação de grande parte das teses sobre a democracia. Ao estimular passivamente a proliferação organizacional, o efeito reverso da democracia aumenta o número de descontentes potenciais com decisões tomadas no futuro, *independentemente do bem-estar coletivo*

---

105. Cf. Buchanan, James e Gordon Tullock, *The Calculus of Consent: Logical Foundations of Constitutional Democracy*, Ann Arbor, University Michigan Press, 1967.

presente produzido pelas políticas adotadas. Um dos paradoxos de bons governos é a elevada taxa de descontentes entre grupos beneficiados por políticas claramente a eles destinadas. Exemplo clássico norte-americano citável, a intensificação dos conflitos raciais ocorre precisamente depois da legislação social de fato integradora e antidiscriminatória de Lyndon Johnson na década de 1960. No Brasil atual, a redução do apoio a Luiz Inácio Lula da Silva, de 85% dos entrevistados, quando terminou o segundo mandato, para algo em torno de 30% não deixa de demonstrar a viva força política do ex--presidente, mas testemunha também o fenômeno da dissolução do contentamento no núcleo favorecido por iniciativas de seu governo.

É ao efeito reverso de multiplicação de demandas que os conservadores chamam de *efeito perverso*, sugerindo que se eliminem demandas ou se interditem canais de participação, ou ambos. São estéreis as denúncias dos progressistas acerca do caráter antidemocrático dos diagnósticos conservadores. O problema é genuíno, e é insensato imaginar que o desconforto de populações com a democracia nos países implique nostalgia das ditaduras. O paradoxo surge quando democratas convictos se veem indignados com os resultados da prática democrática extensa. Ao direito subjetivo de um cidadão particular obter a satisfação de sua pauta se soma a exigência objetiva de que ele respeite decisões atentas a outras demandas, mesmo que, ocasionalmente, elas tragam-lhe o que considera uma externalidade negativa. É difícil, mas imprescindível, reconhecer que a reação à democracia não significa, em essência, nostalgia de oligarquias ou ditaduras, mas surpresa diante da prática relativamente universal das regras democráticas. Assim como em um universo pseudorousseauiano cada qual deseja que o próximo seja Rousseau, sendo ele próprio Jeremy Bentham, os cidadãos em geral admiram a democracia em seu favor, mas desejariam limitá-la circunstancialmente. A generalidade da emoção solipsista deságua em assustadores perfis autoritários.

Elaborar distinções bizantinas entre desempenhos, atores, aspectos democráticos etc., como o faz parte da bibliografia, e concluir que tudo vai bem com a democracia propriamente dita, ante a reiterada rejeição à ditadura, escamoteia problemas essenciais da teoria. Os tormentos das democracias representativas não resultam de nefandas ações de direitistas, que também as há, mas da operação frutífera das instituições, com os corolários da indivisibilidade dos efeitos das políticas públicas e do efeito reverso da prática democrática. Em certo sentido, têm razão, em suas críticas, os progressistas e os conservadores: os primeiros porque não há, em tese, razão para reprimir o desejo de progredir materialmente; os segundos porque, de fato, as políticas de governo, mesmo conservadores, são sempre excessivas pela métrica reacionária. Escusado, portanto, proclamar que serão resolvidos por mais democracia. Em certo sentido, isto é, no sentido de repetição do mesmo, não é seguro que a quantidade se resolva futuramente em boa alteração qualitativa. A resolução favorável do caos determinístico requer regular dose de intervenção criadora. Para desgosto imediato dos conservadores e potencial frustração dos progressistas.

É oportuno recuperar a hipótese lógica que formulei, sem investigar, à época, as condições sociais e econômicas nas quais ela pode adquirir, além de consistência teórica, razoável plausibilidade empírica.[106] Desde o século XVIII, exercícios sobre regras de votação produziam resultados paradoxais. No já mencionado *The Calculus of Consent* encontra-se o mais extenso e rigoroso tratamento das armadilhas escondidas em fórmulas aparentemente simples de decisão, sendo a mais famosa delas, por exemplo, a regra da decisão por maioria. Aqui, renovo a demonstração de essencial problema teórico e de engenharia democrática diante do fato de que, em decisões democráticas, é elevada a probabilidade de que a prática da democracia traia a finalidade do sistema – projeção da vontade majoritária –, não obstante a obediência aos mecanismos de decisão unanimemente consagrados. Em clara contradição ao princípio de

---

106. Cf. Santos, "Poliarquia em 3D", op. cit., p. 207-281.

que os fins devem justificar os meios, há circunstâncias em que a observação do procedimento democrático de votação viola os fins a que devia servir, a saber, a vontade da maioria.

Considere-se uma sociedade composta por cinco grupos de interesses (que corresponderiam, hipoteticamente, a cinco classes sociais) que, diante de um problema coletivo, dispõem de cinco opções de iniciativas políticas. Suponha-se, ademais, que a ordem de preferência pelas opções (da mais desejada à menos desejada) de cada grupo siga a seguinte distribuição:

GRUPOS DE INTERESSE

	1	2	3	4	5
Ordenamento de preferências por políticas específicas	A	B	C	D	E
	B	A	B	B	B
	C	C	A	C	C
	D	D	D	A	D
	E	E	E	E	A

Anotem-se, agora, algumas propriedades dessa distribuição de preferências:

1) Existe *uma* alternativa (B), que é a *primeira* opção na ordem das preferências de um grupo (2) e a *segunda* na ordem de preferência de todos os demais.
2) Apesar da propriedade anterior, sugerindo a possibilidade de conciliação em torno de uma *second best solution*, maior atenção verificará que, *para qualquer uma das cinco opções, se contrariam os desejos da unanimidade restante,* isto é, de quatro grupos. Com efeito, os grupos 2, 3, 4 e 5 são contrariados se a decisão favorecer

A; os grupos 1, 3, 4 e 5, igualmente, se a decisão privilegiar *B;* o mesmo com os grupos 1, 2, 4, 5, se a decisão contemplar *C;* idem em relação aos grupos 1, 2, 3 e 5, com respeito à opção *D;* e, final e igualmente, seriam contrariados os interesses dos grupos 1, 2, 3 e 4 caso a decisão fosse *E,* sendo esta opção a última das preferências da unanimidade dos grupos, à exceção do grupo 5, para o qual é prioritária.

3) Para qualquer opção, sempre haverá, à exceção de um, um conjunto *unânime* de interesses *contra,* e nenhuma coalizão majoritária *simples* a favor.[107]

Inspeção do ordenamento revela também que existe uma opção, *B,* normalmente adotada por irregulares maiorias dos grupos, alimentando a ilusão de que *a maioria* dos interesses em competição convergiu para um ponto de equilíbrio. Na realidade, são apenas *maiorias alternadas,* dificultando a constituição de coalizões de minorias desatendidas, gerando permanente tensão entre uma concepção institucional e outra, substantiva da democracia. Primeira hipótese empírica compatível com os resultados lógicos segue-se com a formulação: *quanto mais heterogênea a sociedade e mais homogênea a classe política, maior o paradoxal hiato entre a adesão à mecânica da democracia (eleições) e o repúdio aos resultados de sua prática.*

A datação da hipótese (1998) remete a um dos períodos de expansão de países juridicamente definidos como democracias representativas, nos desdobramentos da falência do socialismo soviético e satélites. Então, a miragem de Tocqueville de governos assediados pela voracidade de multidões se materializara com a generalização do instrumento do voto. Competições e estratagemas clandestinos para influenciar decisões governamentais distorciam a oferta de políticas às demandas eleitorais, fermento de crescente alarido social

---

107. O texto reproduz exatamente trecho de Santos, "Poliarquia em 3D", op. cit., p. 216-217.

e político. Recaídas autoritárias posteriores exibiram as enormes dificuldades de as democracias capitalistas absorverem de modo criativo as tensões que os dois fluxos, o da acumulação de capital e o da participação ampliada, criam. Em conclusão coerente com a argumentação, associando a generalizada escalada de demandas ao efeito reverso ao do seu atendimento, elaborei a seguinte *conjectura*: *em democracias representativas, o número de interesses contrariados é potencialmente superior ao número de interesses atendidos*.

Entendo que a instabilidade, medida em métrica de manifestações, greves, imprensa tradicional ou alternativa, é o estado natural das democracias de massa. Embora conjectural, a previsão não contempla somente particularidades de países economicamente retardatários, de instituições democráticas jovens ou lendárias, mas aspira à descrição de todo o universo de sistemas representativos de massa. Pela extensão do inevitável descontentamento dos participantes, não deve surpreender o consenso crítico mundial em relação ao desempenho das instituições democráticas. É prudente contemplar a hipótese de que, em situações de crise aguda e prolongada, distinções tipológicas entre formatos democráticos são materialmente irrelevantes como critério de escolhas trágicas. Se se trata de uma democracia consolidada ou oligarquia esclarecida, a superação do momento crítico não decorrerá do tipo nominalmente definido, ainda que impecável do ponto de vista lógico.

Compatível com a conjectura, o fenômeno de elevada litigância inscreve-se no âmago das sociedades democráticas. É compreensível que, em defesa de suas causas, os interessados busquem conduzi-las à vitória recorrendo a instâncias legalmente disponíveis. O socorro judiciário faz parte da reserva de recursos, pendente de cálculos de custos e benefícios, inclusive para sentenças punitivas em caso de derrota. Por criativas que sejam as reformas nos sistemas jurídicos e na operação dos legislativos, é pouco provável que a conjectura e suas consequências sejam eliminadas da vida democrática. Ela decorre, por confirmações empíricas, da indivisibilidade dos efeitos das políticas públicas e do efeito reverso das práticas democráticas, ambos estimulando e sendo estimulados, em universo utilitarista, pela escalada de demandas apontada por Alexis de Tocqueville.

Ora, a história da democracia brasileira da última década, ou melhor, a partir de 2002, dificilmente constituiria exemplo desviante das estimativas expressas. A ecologia das instituições nacionais pós-1988 era favorável tanto ao exercício da democracia quanto, o que lhe vai associado, ao surgimento da conjectura da insatisfação democrática e ao possível desenlace desfavorável à fração popular do país. O insucesso das classes subalternas não ocorreu de chofre, nem, quiçá, tenha sido percebida em toda a extensão de seus sinais.

CAPÍTULO 6

A expropriação constitucional do voto

A Ação Penal (AP) 470 inaugurou a atitude conservadora de interromper por via não eleitoral a liderança do Partido dos Trabalhadores, com intervenção ancilar direta do Judiciário. A história das tentativas de golpe de Estado, em 1954, 1955, 1961, e do bem-sucedido assalto ao poder em 1964, contava automaticamente com a passividade comprometida do Supremo Tribunal Federal (STF). Do mesmo modo, a reação contragolpista em 1954, 1955 e 1961 levou imediatamente os magistrados, em sua maioria, a consagrar por interpretações constitucionais *ad hoc* os arranhões que os contragolpistas produziam na Carta. Não há dúvida lógica de que a manobra militar, em novembro de 1955, designada por "Retorno aos quadros constitucionais vigentes", traduzia em termos legalistas a inegável transgressão constitucional dos generais Odílio Denys e Henrique Teixeira Lott para assegurar a posse de Juscelino Kubitschek. Mas o Supremo Tribunal Federal não desmereceu seu passado e deu fé constitucional ao incômodo do "Retorno" assim que ele se revelou indiscutivelmente vitorioso.

A Ação Penal 470 estreou ostensivo espetáculo de intervenção jurídica na ordem política. Aproveitou pretexto sem fundamento real e instaurou o primeiro processo político de degradação, além do de punição penal, com apoio midiático e apelo classista. As raízes do ativismo são recentes, de inclinação indisfarçável e de adubo catalogado. A semeadura iniciou-se em sincronia com a posse de Luiz Inácio Lula da Silva.

Ao contrário de retraduzir as promessas de campanha, acomodando as políticas oficiais à tradicional hierarquia de preferências das elites econômicas e sociais, como era o usual, o presidente Lula da Silva reorganizou rapidamente, desde o começo de seu primeiro mandato, a pauta de prioridades do governo. Às políticas de imediata execução e resultados, Bolsa Família, por exemplo, acrescentou-se um conjunto de iniciativas de médio e longo prazos de nítida preocupação popular. Crônica negligência relativa a miseráveis e pobres veio creditar a políticas de absoluta modéstia certa dimensão de gigantescas revoluções. Não deixavam de sê-lo, no impacto sobre a vida de cada pessoa ou família beneficiada, embora o financiamento de tais iniciativas correspondesse a singela proporção do dispêndio público total. O valor unitário do programa Bolsa Família, cruamente considerado, enrubesce qualquer estudioso de estágios de justiça.

Não obstante, os perdulários keynesianos, por assim dizer, pobres com razoável propensão marginal ao consumo, passaram a entupir supermercados, alongar as filas dos açougues e a lotar rodoviárias. Com resultados ainda tímidos, os programas sociais do governo de Luiz Inácio Lula da Silva, inaugurados em 2002, suscitaram incômoda alergia nas classes médias e altas. Como é notório, as classes altas são conservadoras por aversão ao risco, e as classes médias são liberais somente enquanto esses valores não têm valia, sem perigo de absorção na rotina diária dos pobres. Havia risco de efetiva redução de iniquidades e, para funcionários públicos, profissionais de nível superior e pequenos comerciantes, para o setor de serviços em geral, os valores liberais, os direitos de ir e vir e de ter opinião pintaram-se de vermelho. Em 2006 convocaram o Judiciário que, seis anos mais tarde, em 2 de agosto de 2012, deu início à formulação jurídica dos fundamentos para os golpes parlamentares de transgressão constitucional.

Um ano, sete meses e onze dias depois, com a conclusão de todas as etapas da AP 470, em 13 de março de 2014, 24 dos 40 denunciados de 2006 haviam sido condenados por um ou mais dos seguintes crimes: corrupção ativa ou passiva, lavagem de dinheiro, evasão de divisas, formação de quadrilha, peculato e gestão fraudulenta. Entre a abertura do processo e as condenações, a alergia das classes médias e altas excedeu o limite da tolerância e da paciência, com perspectiva de espasmo da glote. A desigualdade de renda caíra desde 2001. Programas de habitação para as classes populares, de agricultura familiar, de medicamentos gratuitos, de aumento real no salário dos trabalhadores, na sequência dos ganhos de salário mínimo, seguro-desemprego e crédito fácil facultaram o acesso dos assalariados de baixa renda a comodidades inéditas e à materialização de algo jamais conhecido, exceto em aglomerações deterioradas: a casa própria.

À sensibilidade conservadora custava digerir alterações na base da pirâmide social, essa era a causa da indignação, pois, como os críticos radicais de esquerda e direita reiteram em concórdia, os ricos ganhavam rios de dinheiro. A economia avançava e o momento espelhava a fase ascendente do ciclo de negócios. Mas essa não era a novidade; episódios de bonança econômica haviam ocorrido no passado, e nenhum governo, nessas ocasiões, se preocupou em propor políticas em benefício das massas subalternas. Depois de 1945, nem mesmo durante o período festivo de JK, quando, entre saldos negativos, constam a inflação elevada, a acentuação das desigualdades regionais e a preservação total dos interesses latifundiários no campo brasileiro. Salvo o interregno de Getúlio Vargas, em 1954, encurralado desde a obrigação de demitir João Goulart – que, como ministro do Trabalho, ousara aumentar o salário mínimo em 100% –, da criação da Petrobras e do Banco Nacional do Desenvolvimento Econômico, não houve foco nas necessidades primárias da população de baixa e baixíssima renda. Não é coincidência que Getúlio tenha sido levado ao suicídio, como Jango seria levado ao exílio.

Economicamente beneficiadas, sem dúvida, por momento internacional favorável, as políticas do governo Lula visando aumentar a renda dos mais pobres não excluiriam, pelo princípio da indivisibilidade dos efeitos, outros segmentos sociais que igualmente se beneficiassem do avanço do estamento miserável. O comércio de bens de primeira necessidade, desde logo, acolheu parte do enorme "transbordamento" da renda popular. Serem economicamente favorecidos, porém, era até aceitável, mas que o fossem por meio de aproximação social, via pautas de consumo, isso era algo muito diferente. A reação não era tanto ao encaminhamento econômico, mas à falta de guetos informais intransponíveis, como é comum em países de castiça tradição democrática. Aos pobres nos quarteirões 7, 8, 9 e 10, e do meio da pirâmide social para cima, ficavam reservados e preservados os quarteirões 1, 2, 3, 4 e 5. Essa distribuição não corresponde a nenhuma cidade em particular. Ela representa todas elas, cada qual com seus nomes para os números indicados. A intimidade social com pobres incomoda, e muito, e mais ainda no Brasil, onde o confinamento em guetos é difícil, pela própria localização dos postos de trabalho, a ausência de transporte apropriado e de serviços públicos. Os trabalhadores pobres e miseráveis estão condenados a morar próximo ao emprego, com isso criando aglomerações quase vizinhas dos bairros de maior poder aquisitivo. Entre outras colateralidades das políticas do PT, classes antes distantes e mutuamente invisíveis passaram a dar esbarrões em supermercados, e isso foi só o começo.

Usufruindo de melhores condições, a reverberação organizacional de todos os segmentos se expressou na quantidade de associações voluntárias, para efeito de defesa de princípios e direitos, todas com menos de 10 anos de criação; apareceu também, eleitoralmente, nas menores taxas de abstenção e na estabilidade das reduzidas taxas de votos brancos e nulos (respectivamente, 19%, 4% e 6%) na eleição de 2006. Desde 2009, contudo, a moldura da competição distributiva modificou-se negativamente. Durante os 10 anos anteriores o jogo competitivo aproveitara razoável expansão da economia, com ambiente internacional favorável aos negócios. A valorização dos salários e outras formas distributivas não amputavam a capacidade empresarial de extrair lucros, evidente na expansão da renda dos 10% mais ricos. Moldura de jogo em expansão, bruscamente alterado pela crise internacional de 2007-2008, tornando aguda a competição distributiva interna.

O otimismo do crédito foi sucedido pela ansiedade do endividamento, afetando a todos, empresários e assalariados, com a infalível peculiaridade de que aos assalariados a alternativa à crise distributiva não consistia em redução no ritmo dos negócios, talvez dos lucros, mas o desemprego sem remédio. Os trabalhadores torciam a favor da capacidade de resistência governamental, buscando amenizar os efeitos negativos internos do *trickle down* do desastre financeiro norte-americano. Efeitos de *trickle down* é a promessa conservadora de que desigualdades presentes são fases transitórias da acumulação capitalista, cujo progresso tende a transbordar (*to trikle down*) para as classes subalternas. Mas relativa promoção nos níveis de renda e conforto dos assalariados costuma acontecer, com efeito, após longo período de carência, não por obra de "transbordamentos" da riqueza, mas de duras lutas das classes subalternas.

Por experiência, sabiam os trabalhadores brasileiros que os desdobramentos infalíveis das crises internacionais eram maiores do que próprias dificuldades internas, e que, ao fim de tudo, a eles caberia a parte adulta do sacrifício para superar os problemas importados. Todavia, para os incomodados empresários brasileiros e grande parte das classes médias, a bancarrota se devia ao desperdício do governo petista com farmácias populares, ao populismo dos aumentos do salário real, à sandice do programa de construção de hidrelétricas, ao investimento em prospecção de petróleo em águas profundas, enfim, tudo somado, à incompetência do Partido dos Trabalhadores e – ah! – à corrupção. Estava ali a AP 470 que não os deixaria mentir, nem aos políticos populares escapar.

Muitos estudiosos e especialistas estavam e continuam convencidos de que o crime originário – transações ilícitas entre o Banco do Brasil e a Visanet – foi na realidade um equívoco. Aliás, mais de um equívoco, por parte do relator do processo, ministro Joaquim Barbosa, jejuno em matéria de negócios de publicidade e conexos, equívocos apadrinhados por solidíssima maioria do Supremo Tribunal Federal.[108] Na esteira das investigações, a descoberta do crônico e icônico processo de caixa dois para financiamento das campanhas eleitorais chocou os membros do STF que, aparentemente, nunca haviam ouvido falar da matéria; jamais leram denúncias durante e depois de eleições, nem mesmo se deram conta de que o Judiciário já penalizara indivíduos por uso criminoso de apropriação privada das doações para caixa dois, vulgo "contribuições de campanha".

Notoriamente, o financiamento eleitoral por via de caixa dois envolve dispersa cadeia de interessados, do receptador primitivo ao beneficiário final, este, eventualmente, algum candidato a mandato representativo que, ao receber auxílio de seu partido, nem se pergunta de onde terá vindo aquela soma de recursos. Existem o fundo partidário e a campanha para arrecadação de recursos como fontes de financiamento. Com frequência, entre o receptador e o candidato, parte da doação clandestina (com ou sem conhecimento do candidato) é surrupiada por intermediários, ligados à tesouraria, aos aparelhos partidários, comissões de campanha, sem excluir o caso em que o próprio candidato, mesmo na crença de que os recursos provêm do legalíssimo fundo partidário, possa embolsar uma fração, subtraída à campanha. Não há que confundir, entretanto, reservas de caixa dois, crime eleitoral imputável a partidos, com desvio de recursos de caixa dois, e crime comum de apropriação indébita, normalmente envolvendo mais de um intermediário ou prestador de serviços. Por exemplo, o marqueteiro do Partido dos

---

108. Cf. Queiroz, A. C., Rodrigues, Lia Imanishi e Rodrigues, Raimundo Pereira, *A outra tese do Mensalão*, Belo Horizonte, Manifesto, 2012; excepcional trabalho jornalístico de reconstituição de todo o julgamento, acusações e evidências disponíveis. A caridosa atribuição de equívoco ao relator, ministro Joaquim Barbosa, é minha.

Trabalhadores cometeu crimes por haver recebido alguns milhões, sem registrar, a título de orientação da campanha para a reeleição de Lula da Silva, pagos em conta que o marqueteiro mantinha fraudulentamente no exterior. Seja como tenham sido capitulados tais crimes, confessados, surpreendentemente o marqueteiro e associados foram alguns dos absolvidos da AP 470. Em outro exemplo, durante a fase inicial de denúncia, na Câmara dos Deputados, o delator do esquema ilegal de financiamento, um dos intermediários passadores dos recursos, revelou que substancioso volume de dinheiro recebido de um dos acusados de corrupção não fora distribuído como previamente combinado, metade estando em seu poder. A confissão foi necessária para consolidar a verossimilhança da denúncia que fazia. Certamente não foi o único intermediário a cobrar taxa de pedágio durante o trânsito dos valores da caixa dois.

Indignados com ilícitos reais, os ministros criminalizaram todo o processo de captação e distribuição de recursos por caixa dois, crime eleitoral do conhecimento até das pedras da rua, menos do STF. Condenar todos os envolvidos na cadeia de captação e distribuição desses recursos como criminosos comuns exigiu a transformação do desenlace, que é o repasse de recursos aos candidatos dos partidos da coalizão eleitoral em compra de votos no Parlamento. Que diversos partidos da mesma coalizão recebam recursos financeiros do partido líder, via caixa dois, segue-se da legislação do Tribunal Superior Eleitoral (TSE) que permite coalizões de número ilimitado de partidos, em troca do tempo de TV de que dispõem, recurso escasso não financeiro distribuído pelo próprio Tribunal Superior Eleitoral. A troca de recursos financeiros por tempo de TV, recurso escasso não financeiro, constitui, todavia, crime eleitoral, segundo a legislação do Tribunal. O TSE cria um recurso escasso – tempo de TV sem limite acumulativo –, cria demanda reprimida (autorização para constituição de coalizões ilimitadas com fundo comum de tempo de TV), mas proíbe ao consumidor adquirir o bem escasso, tempo de TV, mediante fundo comum de finanças entre os partidos membros da coligação. A caixa dois era o mercado negro de financiamento de campanha estimulado pela legislação eleitoral. Antes de concluir a análise da argumentação condenatória especificamente da caixa dois, na AP 470, primeiro roteiro de demonização das políticas sociais, cabe uma reflexão sobre estilos de justiça. A legislação eleitoral brasileira sobre coligações, ainda em vigor, ilustra a reserva de paranoia de que se nutrem muitas leis no país, aquelas que estão na origem de uma sucessão de ilícitos. Não conheço justificativa razoável para a proibição de fundo comum de recursos financeiros à disposição de partidos em uma coalizão, empenhados topicamente em favor desses mesmos partidos. A permissão não comprometeria a igualdade competitiva, objetivo essencial da legislação. Criminalizando de forma paranoica um ato que é absolutamente indispensável para, justamente, reduzir as desigualdades de oportunidades de competição entre grandes e pequenos partidos, a legislação obriga à violação das regras, ato que, em si mesmo, não perpetra nenhum crime de corrupção. Ao ingressar na ilegalidade, contudo, a caixa dois proporciona inúmeras chances de crimes de corrupção, não incluindo necessariamente o responsável pelo ilícito inaugural, a contabilidade paralela, mencionada com desprezo pelos ministros do STF, como se fora uma justificação cínica para ato criminoso de livre arbítrio. A abertura do duto clandestino tem resultado de legislação paranoica, sem justificativas política e juridicamente razoáveis. Os crimes que existiram, existiram, mas não convém à moralidade dos costumes a ocultação da responsabilidade de leis que, *a priori*, expelem para a ilegalidade criminal atos de ilicitude eleitoral. Metaforicamente, entendo que se trata, no caso da legislação do Tribunal Superior Eleitoral, de "ocultação de cadáver".

As coalizões eleitorais tendem a formar coalizões parlamentares sujeitas à tradicional volatilidade dos votos dos parlamentares, sem domesticação nem mesmo por rígidas punições das leis sobre fidelidade partidária. As direções partidárias são parcimoniosas em punir seriamente votos desviantes, na Câmara e no Senado, porque em votação posterior pode muito bem acontecer que o desviante seja o dirigente partidário. Coalizões parlamentares fluidas, reflexas das coalizões eleitorais, são a normalidade da vida política. Por isso, partidos que compõem coalizões eleitorais tendem a formar coalizões frouxas no Parlamento, não sendo protocolar, aliás, que, formalmente, partidos que participaram de coalizão eleitoral se declarem ou comportem de maneira sistemática, no Parlamento, contra o partido líder. Votam em geral, em suas maiorias de bancadas, no mesmo sentido, ora a favor, ora contra.

Mas eis uma interpretação malévola, mal-intencionada, porém crível: com dinheiro criminosamente obtido (desvio ou suborno), partidos delinquentes, com objetivos solertes, entram em negociatas comerciais (formação de quadrilha), bancárias e tributárias fraudulentas (evasão de divisas, lavagem de dinheiro, corrupção ativa e passiva) e compram os votos de deputados na Câmara de Deputados. Aí estão depósitos de uns no exterior, lavados através de tais agências, também comprovados, só que agora um dos agentes é diferente do negócio anterior; aquele outro recebeu o dinheiro deste aqui, acabou eleito e, vejam, votou conforme o que teria sido o acordo de compra e venda. Evidências de ilícitos reais, administração de caixa dois, serviram como provas de crimes inexistentes, acusação beneficiada pela proximidade com efetivas transgressões. Com a mesma arbitrariedade de imputação de sentido, outros participantes, ausentes de qualquer tratativa comprovada, foram publicamente degradados por alegada associação com crimes em outra jurisdição dos códigos. Ademais, muitos foram condenados por cumplicidade não comprovada com crimes efetivamente cometidos – o crime existiu, de que se valia a acusação para falsificar cumplicidades. Esta foi a AP 470: confundindo, talvez de forma deliberada, crimes de natureza essencialmente distintos, embora com materialidade idêntica (recursos reais provenientes de crime eleitoral "provando" crimes financeiros e civis), sancionou interpretações de conveniência e condenações seletivas por imputação de responsabilidade. Talvez o julgamento prepotentemente político mais bem documentado na história da República.

Para efeito de discussão, credite-se plausibilidade à maligna cadeia associativa adotada pelo Supremo Tribunal Federal de que, com efeito, os condenados praticaram os crimes de que foram acusados. Não há, nesse exame crítico, nem mesmo microscópica intenção de provar a inocência de nenhum dos condenados. A tese é a de que, mesmo que certos condenados tenham cometido crimes denunciados, o nervo jurídico do argumento vitorioso no julgamento da AP 470 fraudou a lógica política e constitucional, lançando fundamentos para potenciais golpes parlamentares, com socorro sofístico da Constituição, ao canonizar três teses esdrúxulas. Enunciadas quase que casualmente ao longo ou a propósito das polêmicas sobre a culpa dos denunciados, são de alcance transcendente, sem que, acredito, ocorresse à defesa ou à acusação a extraordinária singularidade do que consagravam. Serão discutidas em sequência.

1) *Sequestro do poder constituinte do povo*. O ministro Joaquim Barbosa, parodiando Luís XIV em entrevista formal de que, infelizmente, não guardei registro de data e lugar, declarou que a Constituição era aquilo que o Supremo Tribunal Federal diz que ela é. A afirmativa é extraordinariamente forte e extraordinariamente vaga. Parece clara e distinta, mas não é. Do ponto de vista formal, proposições empíricas com validade testável, em particular definições, atendem necessariamente a dois critérios: a) quanto à intenção, devem permitir discriminar o que está contido em sua compreensão daquilo que não pertence ao conjunto definido; por exemplo, o homem é um animal racional autoriza a inclusão na categoria "homem" de todo ser vivo que apresenta racionalidade e, obviamente, exclui todo ser que não a demonstra; b) quanto à extensão, permite contabilizar e catalogar tudo que caiba no conteúdo da definição; por exemplo, homens altos, baixos, louros, negros, gordos, magros etc. Claro, a definição e os requisitos se aplicam,

tais quais, a mulheres. Ausência de clareza na intenção de conceitos ou de proposições cria ambiguidade de sentido, dificultando discernir e diferenciar coisas distintas, bem como congregar coisas semelhantes. Obscuridade na extensão gera vagueza, qualidade do que é vago. Noções relativamente elementares, desde os gregos, são, todavia, com frequência violadas na linguagem ordinária, isto é, na fala cotidiana, sem prejuízos dramáticos. Não assim em linguagem tecnicamente comprometida.

É vaga a afirmação do ministro Joaquim Barbosa de que a Constituição é o que o Supremo Tribunal diz que ela é, sujeita a aplicações inválidas e, não obstante, parece contar com a aprovação tácita dos ministros do STF. Não é para ser deixado sem menção que o deslize lógico dá poder real aos intérpretes da Carta. Em que extensão a Constituição é aquilo que o Supremo diz que ela é? Não há resposta precisa à questão, estando subordinada, em cada caso, àquilo que o magistrado disser que ela é, na exata medida em que a interpretação coincide com o que o constituinte originário disse que ela é. Ainda que todas as decisões do colégio de magistrados fossem unânimes, o que está longe de ser o caso, o poder constitucional de dizer, em cada caso, o que a Constituição é teria sido surrupiado ao único autor legítimo de cartas constitucionais – o povo, em assembleia universal, ou representativa, por delegação popular. O Supremo não diz o que a Constituição é, ele interpreta o que ela diz; e enquanto o que a população diz, constitucionalmente, é um absoluto epistemológico e axiológico, a interpretação ministerial não escapa ao relativismo, ao efêmero. Por isso, decisões do colégio jurídico são reconsideradas e modificadas pelo próprio colégio, mas o que a Constituição diz só pode ser alterado conforme regras por ela própria estabelecida, com implícita aprovação do povo, autor original da Constituição e das regras para sua modificação pontual. Por isso, finalmente, que as decisões do Supremo Tribunal Federal são vulneráveis a influências viciadoras do universo epistemológico e axiológico às quais a Constituição, em si mesma e por definição, é imune e incólume.

A afirmação do ministro Joaquim Barbosa de que a Constituição é o que o Supremo Tribunal Federal diz que ela é parece própria, mas não é. E agora em contexto essencialmente diverso do analisado em parágrafos anteriores. O povo em Assembleia Constituinte, através de representantes autorizados, diz o que é a Constituição. O Supremo, qualquer supremo, solicitado, diz se a Constituição terá sido ou não obedecida no que ela diz. A distinção pode acobertar argumentos especiosos quando o juiz se recusa a proferir sentenças sob o mandato pragmático de apenas julgar a correção formal do uso de preceito constitucional. São por certo abundantes os exemplos em que a deliberação do juiz dispensa considerações materiais, quando presentes flagrantes violências ao texto da lei. Mas não serão raros os conflitos em que deliberar sobre a correta convocação constitucional confunde-se com a percepção do que seja o espírito da Constituição. Nessas condições extremas, o formal submete-se ao material e, consequentemente, exposta a erro de julgamento. Pelo mesmo argumento, nada será constitucional apenas pela autoridade da fala; não é a autoridade judicial que cria a constitucionalidade, é a Constituição que cria a autoridade. Por definição, o poder constituinte é intransferível, exceto por contrato unanimemente aceito, embora sob a ficção jurídica de uma assembleia específica, por duração temporal limitada. O sequestro do poder constitucional de dizer o que a Constituição é constrói a passagem subliminar do legal ao ilegal, do exercício legítimo do poder ao golpe de Estado.

2) *Disjunção epistemológica entre ser inocente e não ser culpado.* Decisões tomadas antes do julgamento e da confrontação de provas, argumentos e precedentes contaminam a qualidade do juízo de magistrados de qualquer instância. Interpretações da lei ou da retidão dos discursos acusatórios e de defesa sofrem fraturas lógicas quando as intervenções dos debatedores visam prioritariamente a convencer pela artimanha mais do que esclarecer pela higidez. Durante a AP 470 multiplicaram-se episódios que, em debate fora da Corte,

provocariam chacota se tomados como premissa de condenação ou absolvição; o desfecho, no caso, é imaterial. Por exemplo, debatia-se a origem fraudulenta de certa quantia de dinheiro, servindo como base comprobatória a clandestinidade de que o recebimento se revestira. O alegado fato clandestino referia-se à escolha de agência bancária fora da Câmara dos Deputados para depósito da quantia maculada, quando outra agência, do mesmo banco, estava disponível no prédio do Legislativo. Circunstancial e modesto, o indício parecia ainda mais frágil pela particularidade de que foi a esposa do suposto corrompido a fazer o depósito. Por óbvio, a esposa do corrompido não frequentava normalmente a Câmara, usando de hábito os serviços comuns da cidade, como os demais residentes. Mas a putativa solidez do indício foi atestada pela ministra Carmem Lucia, com o argumento de que se tratava de manifestação de arrogância da criminosa, de uso às claras de dinheiro sujo, com a tranquilidade concedida pela certeza de impunidade.

Explode o sofisma do argumento, que dá por suposto ser o dinheiro de origem criminosa, precisamente o que demandava comprovação. Se o dinheiro fosse limpo, onde o depositar seria inteiramente irrelevante. A alegada arrogância dependia da honestidade do dinheiro, não o oposto. Sem conveniente reparo ou anotação, a estrutura do sofisma foi retomada em outra versão fictícia, mas diametralmente oposta à da ministra Carmem Lucia. Para a ministra Rosa Weber, a escolha de agência externa à Câmara não se explicava por exibicionismo, mas por sigilo e cautela. O produto da corrupção precisava escapar à atenção de quem poderia identificá-lo – os atendentes da agência da Câmara, talvez, quem sabe colegas do deputado com suspeita da tramoia. Outra vez deu-se por comprovado o que comprovado não estava, *e por razões diametralmente opostas: seja por ostentação, seja por discrição, os recursos depositados correspondiam a pagamento corrompido.* Evito comentar a procedência ou não da acusação quanto à origem do dinheiro, pois não conheço os autos. Mas os argumentos acusatórios são inaceitáveis, e não entendo como a personagem crucial do argumento, a esposa, não foi investigada, denunciada e condenada, como o deputado seu marido, autor intelectual e principal beneficiário do crime, segundo as duas ministras.

Episódios com tal arquitetura mambembe não foram incomuns durante as sessões do julgamento da AP 470, às quais assisti quase todas, e integralmente, pelo canal TV Justiça. Entendi que minha formação profissional, e não apenas a de cientista social, e o interesse de cidadão solicitavam o investimento de tempo, atenção e notas. Foi uma experiência crucial, que me permitiu identificar a segunda tese esdrúxula, além de colecionar anedotas como a narrada, tese esdrúxula que passo a descrever.

Como em centenas de arguições, debatia-se o crucial problema, em tais julgamentos, da qualificação epistemológica do acusado: sabia ou não que participava de ato criminoso? Em minha experiência de expectador de debates similares, o tempo de argumentação dos debatedores é inusitadamente longo para o que se supõe fundamental, a saber, a apresentação de provas físicas, documentais. Não mais que um momento de reflexão revela que evidências de tal natureza deveriam estar disponíveis, iluminando a dúvida sobre o que alguém, acusado de saber algo, afirma que não o sabe. Trata-se de condição assimétrica à presunção de saber, quando esta é vazia. Para exemplo extremo: ameace colocar um esperto mentiroso nos controles de um jato, e ele confessará que, de fato, não sabe pilotar. *Mas não há teste falsificador de presunção de ignorância senão em raras circunstâncias. No exemplo anterior, obrigar alguém que afirma não saber pilotar a voar seria um teste de risco extremo. Se o "piloto" em teste fosse realmente ignorante, morreria, obtendo talvez a sentença de inocente póstumo. Registra a história que em certos momentos da Idade Média, morrer sendo torturado era a única prova de inocência aceita pelos juízes de então.* Em suma: se é normalmente trivial desmascarar um afetado sabichão, não existe uma bateria de exames para identificar falsos ignorantes.

Não se chegou à tortura medieval, na AP 470, mas ficaram ao esticar de um braço, ou de toga. Não houve perda de vida; à falta de opção, impôs-se a perda de liberdade. Ao contrário da bizarrice medieval, hoje os acusados de ignomínias são considerados inocentes até prova em contrário. Não lhes compete provar a própria inocência, mas aos acusadores incumbe demonstrar que inocentes não são. Se, contudo, um acusador pretende que o acusado mostre não ser culpado, devolve-lhe a responsabilidade da prova. Parece redundância, equivalência substantiva, mas implícita na manobra retórica encontra-se a distinção sugerida entre ser inocente e não ser culpado. Epistemologicamente, o promotor estaria defendendo o argumento de que não pode provar que o acusado sabia de algo criminoso, mas que, para conclusão simétrica da matéria, o acusado estava obrigado a demonstrar que não sabia. Inocência ou culpa associada à disjuntiva de inocência ignorante ou esperta culpa, eis a questão. Segundo a cesura epistemológica operada, exigir a comprovação pelo acusador da verdade da primeira alternativa (que o réu não era inocente) seria diferente da obrigação de o acusado demonstrar a falsidade da segunda (que era culpado).

A frio, bem poucos dialetas aceitariam a legitimidade da alternativa, mas foi essencialmente a formulação do presidente do Supremo Tribunal Federal à época, ministro Ayres Brito, que agiu quase sempre como promotor, não como moderador dos debates. Decretou o ministro Ayres Brito em relação a um acusado, de cujo crime não havia documentação ou indício de qualquer natureza: era impossível que o acusado não soubesse das condições x e y, criminosas. A armadilha epistemológica esconde-se na sutileza de que o acusado só pode comprovar ignorância das condições criminosas apoiado em conhecimento delas; ou por regressão ao infinito, inaceitável em julgamentos. Assim: para comprovar que não sei física quântica preciso revelar que não sei matemática suficiente para tanto, mas, para revelar tal ignorância, preciso sustentar que não domino nem mesmo álgebra etc. Também seria inaceitável errar todas as respostas se submetido a teste científico, pois permaneceria a suspeita de que de fato conhecia as respostas corretas, continuando, porém, a fingir ignorância. Por analogia: seria ameaçado de ser encerrado em avião para provar não saber pilotar. A única prova incontestável em tal circunstância seria a demonstração, por parte do acusado, de que não conhecia algum aspecto da operação fraudulenta de que só os participantes detinham conhecimento. Está claro que só dela participando o acusado saberia de tal detalhe. Ao não o prover, os juízes concluíram que o acusado afetava uma ignorância esperta, não uma inocência ignorante. O truque da arbitrariedade consiste em presumir simplicidade na exigência da demonstração do estado de "inocência ignorante", o que é absolutamente impossível de satisfazer cabalmente. Enfim, não obstante ser impossível provar desconhecer algo quando a prova exige, contraditoriamente, conhecê-lo, a maioria do Supremo, aplicando a disjunção epistemológica de Ayres Britto, *aceitou, por falta de provas, que o acusado conhecia o que alegava desconhecer, tratando-se de um mentiroso esperto.* Convenhamos, sensacional modalidade de prestidigitação.

Tortuoso e sujeito a sérias objeções, o argumento resultou vitorioso na condenação de José Dirceu por corrupção ativa. Os discursos e páginas justificativas dos votos condenatórios não aduziram sequer migalhas de prova quanto à participação cognitiva do acusado nas operações comprovadas de recebimento de dinheiro, tenha ou não sido criminosa a origem de tais moedas. Atribuir ao acusado responsabilidade de demonstrar que não era culpado fixou a validade da segunda tese esdrúxula que fundamenta golpes parlamentares. De novo, não atesto a inocência de José Dirceu porque não tenho conhecimento para tanto. Mas, ainda que culpado, ele não esteve sujeito a processo civilizado, imparcial. A conclusão generalizada que sustento é de que não há golpe parlamentar sem acusação de algum dolo ao golpeado, assentado em inválida disjunção epistemológica.

3) *Imputação de possibilidade objetiva e causalidade adequada.* A ministra Rosa Weber subscreveu extraordinária justificativa de

voto: condeno porque a bibliografia me autoriza. Isso não provocou "Ohs!" de espanto nem recebeu datas vênias críticas. Notava-se a crescente irritação dos juízes, visivelmente inclinados à condenação de todos por tudo (a dosimetria posterior revelou que a ira havia sido aplacada pelo sucesso das condenações), com a dificuldade de expor evidências conclusivas da participação de José Dirceu e de outros em eventos que acreditavam, convictamente, criminosos. A teoria do domínio do fato, versão STF, será acrescentada mais tarde, como socorro em última instância para a condenação de um réu de crime incapaz de ser documentado. Não estou afirmando que um inocente foi condenado, porque não o sei, mas que a condenação não se continha nos autos. Os exercícios de retórica e erudição jurídica deslumbravam pela competência, às vezes excessiva na exposição de incomparável memória livresca. Mas os argumentos da defesa eram excepcionalmente sólidos. Não cabe aqui a análise da argumentação revisora do relatório do ministro Joaquim Barbosa, elaborada pelo ministro Ricardo Lewandowski; a documentação oficial está disponível para refutação de meu argumento.

A terceira tese esdrúxula compareceu em outra declaração de voto condenatório da ministra Rosa Weber. Disse ela, exatamente assim, embora não com os mesmo substantivos e verbos: quanto mais elevada a posição de alguém na cadeia de comando, mais facilitada lhe é a cautela de apagar pistas. Os chefes de organizações criminosas não deixam vestígio. Ora, ao final de dias de debates sem a apresentação de qualquer prova da participação de José Dirceu no crime que lhe era atribuído, o enunciado de teoria jurídica de Rosa Weber vestia lindamente seu voto pela condenação. E assim foi.

Ignoro os caminhos que conduziram o Supremo Tribunal Federal ao estágio de cultura organizacional em que, exceto se o interesse de um magistrado é ameaçado, qualquer barbaridade será consagrada se contar com maioria específica ou indiferença genérica. A degeneração ignora nacionalidades, estando o sistema jurídico submetido a escrutínio crítico em grande número de democracias, com ou sem análise das sequelas malignas para a operação *representativa* das instituições. A sofisticadíssima controvérsia constitucional a propósito do financiamento empresarial das campanhas eleitorais americanas conduz o estudioso por filigranas altamente elaboradas para dar dignidade ao juízo de que as corporações são *pessoas*, às quais, portanto, se reconhece o direito de ter e defender livremente suas opiniões. Despejar toneladas de dólares em favor de candidatos seria a versão moderna, civilizada, à altura dos tempos, de as corporações defenderem democraticamente suas opiniões.[109] Difunde-se no mundo uma cultura de mônadas, codificando o uso esotérico da linguagem, afetando conhecimento e regras interditas ao gentio, mobilizáveis por conveniência, e com privilégio garantido de errar sem punição. O Supremo Tribunal Federal, não obstante as idiossincrasias pessoais, que a analistas faz parecer que o órgão é, por isso, ineficiente, constitui um colégio de mônadas ferreamente defendidas por singular unidade política contra avaliações de terceiros, desordeiros, fora da ordem monadológica. Nesse aspecto, são absolutamente eficazes, sendo secundário saber se as operações singulares do colégio são ineficientes. Supremos jurídicos constituem monolíticas unidades, ou, talvez, monadolíticas e insaciáveis devoradoras de poder.

A tese de teoria jurídica de Rosa Weber replica a imputação weberiana de possibilidade objetiva e causalidade adequada. Não faço inferências sobre a psicologia da ministra Rosa Weber, sobre o que ela pensava fazer, ou qual sua intenção, apenas descrevo o que fez, quase certamente sem o saber. A bibliografia acadêmica não duvida mais de que a imputação weberiana de causação adequada, havendo possibilidade objetiva, depende crucialmente da validação de um contrafactual: não haveria capitalismo na ausência dessa forma de organização como possibilidade histórica e sem a presença de um

---

109. Post, Robert C., *Citizens Divided: Campaign Finance Reform in the Constitution*, Cambridgge, Mass., Harvard University Press, 2014.

ativador, materializador da possibilidade. Tal como se passaram as coisas, havia a possibilidade histórica do surgimento do capitalismo (era um dos futuros possíveis a partir da economia mercantil), e o protestantismo forneceu a causação adequada, isto é, o impacto necessário ao parto. Experimentos históricos não são factíveis, como é curial, restando, portanto, ao analista, usar o mesmo tipo de argumento e evidência para demonstrar que, ali onde não havia a possibilidade objetiva nem o protestantismo, o capitalismo não floresceu endogenamente. Como se sabe, comprovação de contrafactuais ainda está por ser canonicamente regulada, e a empiria histórica não provê exemplos que escapem à falácia de atribuir à putativa inexistência anterior de possibilidade objetiva a ausência contemporânea de expansão capitalista autônoma.

À falta de hipóteses mais sólidas, costuma-se aceitar, como primeira aproximação, tanto a noção de possibilidade objetiva quanto a de causalidade adequada. Esta é, na verdade, a metodologia embutida nas denominadas análises de conjuntura. Compromisso mais severo com a necessidade de demonstração vai de par com a responsabilidade de julgamentos criminais, imposta pela cláusula de "em dúvida, a favor do réu". A imputação de criminalidade de fundamento weberiano, portanto, traz elevado risco de injustiça, tendo em vista a instabilidade das premissas do julgamento. O dogmatismo de uma possibilidade objetiva amputa de valor argumentativo todos os demais passados alternativos, antecedentes de possibilidades diversas. Do mesmo modo, a naturalização da causalidade adequada transforma-a, ilegitimamente, em causalidade newtoniana, a saber, se *não-x*, então *não-y*. Traduzindo: se não Dirceu, não corrupção.

Uma cadeia de comando organizacional, administrativo, político, religioso, de clube de futebol, se assemelha a uma série de causalidades sucessivas ou gradativas. Em organizações governamentais ocorre a mesma coisa, o deputado subordinado ao líder, o líder ao comando do partido, que tem sua estrutura interna também hierarquizada, o comando do partido se reporta ao responsável, no governo, pelas tratativas entre as autoridades do Executivo e o Parlamento. Claro, nunca funciona sem ruídos e atritos, mas, em tese, essa é a carta de navegação da política. Em períodos anteriores da história brasileira, o coordenador da política externa (parlamentar) ao governo era o ministro da Justiça. Mais recentemente, o ministro chefe da Casa Civil. Comprovar a existência de possibilidade objetiva de algo que já existe é obviamente ocioso, portanto, a demonstração de transações corruptas equivalia à demonstração de sua possibilidade objetiva, em primeiro lugar. A transição de possibilidade objetiva para fato indiscutível depende do piparote da causa adequada, de outro modo a possibilidade restaria eternamente frustrada.

Nessa passagem entra a reflexão de Rosa Weber. Tomando como axioma a hipótese de que a hierarquia de poder político e administrativa prevalece sem ocorrência de falhas (falha hierárquica não é uma possibilidade objetiva, na argumentação da ministra), os acordos ilegais estariam obrigados a percorrer toda a cadeia de comando administrativo para se efetivar. *Ou seja, nessa interpretação do método, a rigor só existe uma causalidade adequada, sem a qual a possibilidade continuaria potência, não ato: o topo da cadeia administrativa. Data vênia, essa é uma adaptação determinística newtoniana de uma metodologia possibilista weberiana.* Essa foi a prática da ministra Rosa Weber, ao expor a tese de que a inexistência de provas de conexões inferiores (causações adequadas ao longo da cadeia de comando) comprovava, *contra o réu,* que ele era responsável pelo ilícito. Era dispensável sua presença em qualquer outro lugar da hierarquia de decisão: *ele possuía o domínio do fato.*

Estou convencido de que, no futuro, em alguma brecha no inabalável colégio de mônadas, a AP 470 será estudada como o que efetivamente foi: um julgamento de exceção. As violações operadas na lógica, na interpretação das leis, na aplicação de doutrinas, só se esclarecem se reintroduzido nos debates, surpreendentemente acalorados em circunstância de tão extenso consenso, o clima passional da época. A veemência dos argumentos, dos discursos e dos votos buscava ocupar, ofuscando-o, o vazio de provas condenatórias. As três teses esdrúxulas, espinha dorsal da AP 470, servirão de tutoria jurídica ao golpe parlamentar de 2016.

Em 2013, a insatisfação de grupos autônomos e heterogêneos, submetidos à frustração poliárquica, transbordou das redes sociais, dos cochichos à boca pequena e das cartas à redação, ocupando ruas e desafiando forças de segurança. Iniciada na cidade de São Paulo a propósito do aumento das passagens dos transportes urbanos, a modesta turbulência reagiu à causação adequada investida na estúpida repressão policial transformando-se em maré de tempestades, difusa por várias capitais e grandes centros da maioria dos estados. Camaleônica, a explosão de rebeldia mudou de epiderme ao longo dos meses de junho e julho daquele ano, atendendo a convocatórias descentralizadas, com diferentes desígnios.

Múltiplas interpretações hesitaram em identificar na violência inédita um ponto fora da curva da normalidade reivindicatória ou a inauguração de período de acefalia dos grandes agregados sociais. Medíocre desempenho econômico contribuiu para dotar os manifestantes de linguagem imprópria para negociações. Bandeiras abstratas em relação a sistemas eleitorais e partidários, por exemplo, substituíram demandas específicas, quando não as revestiam de radicalidades irreconciliáveis. Transporte grátis para todos acompanhava pedidos de nacionalização de empresas, de calote em dívidas e taxação de fortunas. Essas foram algumas das sugestões de iniciativas governamentais desfiladas pelas cidades, a que o governo retrucou, sem eficácia, com pacote de propostas a serem empilhadas a tantas outras em imobilidade cataléptica no Legislativo. Àquela altura, na verdade, nada reduziria a temperatura das multidões, que, recolhendo-se ao lar, nem por isso deixaram de cultivar um sentimento altamente destrutivo, comum em momentos de acefalia política. O vocabulário das redes sociais durante a campanha presidencial de 2014 atestava que o calor dos ânimos, como consagra o humor popular, fervia a noventa graus centígrados.

Uma vitória legal, legítima, mas pouco convincente, expôs a profunda divisão das preferências eleitorais, herdada das refregas de 2013 e da radicalidade retórica e passional das campanhas. Mal havia o tremor das ruas reduzido de intensidade, Dilma Rousseff inaugurou o segundo mandato anunciando surpreendente e assustador programa de austeridade e de ajuste fiscal. À ira dos derrotados diante da apropriação indébita de seu programa de governo somou-se a convicção dos apoiadores da eleita de que sofreram desorientador estelionato eleitoral. A rejeição da esquerda às propostas reverteria o apoio que Dilma Rousseff recebera nas urnas. Em queda, a aprovação do governo não mais se recuperaria até o episódio do golpe parlamentar de abril de 2016.

Armou-se uma coalizão de assalto conservador ao poder envolvendo a sabotagem do Legislativo às ações do Executivo. A ingovernabilidade parlamentar não foi razão suficiente para a abertura do processo de impedimento; o impedimento foi a razão teleológica da sabotagem parlamentar. Assim como a gradativa indiferença dos empresários aos acenos do governo, paralisando planos de investimento e expansão de empresas, não expressava redução da confiança na disposição do Executivo de honrar contratos. Em 13 anos de governo o Partido dos Trabalhadores não descumpriu promessas senão as assumidas justamente com os próprios trabalhadores. O empresariado preferia uma solução radical para enfrentar as consequências da crise mundial, considerando impossível continuar adiando-as. Nem a gestão de Joaquim Levi o demoveu. O suposto abandono ostensivo da proposta de austeridade, com a substituição do ministro da Fazenda, cristalizou a posição de passividade empresarial, logo traduzida em clara estratégia agressiva. A expectativa de possível impedimento, agitada rocambolescamente por Aécio Neves, na ressaca da derrota eleitoral, estava agora nas ruas, nas redes sociais e na imprensa partidarizada. Sem apoio parlamentar, empresarial e midiático, o governo ainda assim não percebeu a animosidade das diversas correntes de esquerda. Nem estas mediram com acuidade a extensão da mudança de natureza do lance desproposidado de Aécio Neves. Desautorizada de início pelas oposições, a proposta de impedimento ganhou músculos com a adesão de parte dos caciques do PMDB, partido sem o qual o processo de impedimento não seria aberto nem prosperaria.

A polêmica indisposição ou falta de talento de Dilma Rousseff para o exercício da política pertence às inevitáveis querelas sobre distribuição de responsabilidades em derrotas. Quando o governo e seus apoiadores externos admitiram a possibilidade do processo, como se viu, já era tarde, ilusoriamente pendente do arbítrio do então presidente da Câmara dos Deputados, Eduardo Cunha. A Federação das Indústrias do Estado de São Paulo jogara os dados, e a imprensa coincidira em pauta única: os escândalos de corrupção teriam atingido de morte a capacidade governativa do Partido dos Trabalhadores. Misto de investigação judicial rigorosa e estratégia de apropriação de poder, a Lava Jato e derivadas constituíram com a imprensa uma sociedade de interesse comum: a liquidação da legitimidade política do Partido dos Trabalhadores. Pequenas arbitrariedades que a doutrina punitiva de Sérgio Moro advogava, sempre no interesse da justiça maior, extraíam inabalável defesa dos jornalões, para nada dizer da manipulação do noticiário. Personalidades celebrizadas pela TV ou por promoção publicitária converteram-se em vetores de agitação e propaganda, enriquecidos pela confissão conservadora de inúmeros profissionais, disfarçada de indignação diante da derrubada moral do governo.

Até agora, fim do segundo semestre de 2016, o denunciado sistema de corrupção instalado pelo Partido dos Trabalhadores não foi comprovado pelas sucessivas descobertas das investigações judiciais. Os partidos implicados nas ilicitudes são majoritariamente o PP e o PMDB. A quadrilha operando em praticamente todos os episódios de predação de recursos públicos envolve, sistematicamente, bandido antes preso, condenado, libertado, reincidente na formação de quadrilha, preso novamente, outra vez delator e arrumando o guarda-roupa para deixar mais uma vez a prisão. Além dele, Alberto Youssef, quatro ou cinco burocratas de altíssimo nível da Petrobras, condenados, mas também soltos, e um sem-número de intermediários, os "tenentes" das patrulhas de contatos imediatos. Isso é o que existe em termos oficiais, dedicando-se arduamente a força tarefa da Lava Jato à descoberta das evidências de que, com efeito, as falsas atribuições de culpabilidade, os vazamentos de matérias inconclusas, as ameaças semanais de denúncias de Lula ou Dilma tinham fundamento. Por ora, publicamente expostos como ladrões foram membros do governo interino de Michel Temer, sem obter condenação pública dos profissionais, advogados, professores e romancistas que aderiram ao golpe. Não aderiram, está visto, por razões morais.

A convergência entre juízes, imprensa e a maioria dos políticos, resultou no extenso consenso *a priori* contra a continuidade do governo de Dilma Rousseff. O apoio recebido das classes médias e de parte da população de baixa renda testemunha a gravidade da extensão e intensidade da insatisfação poliárquica. Conspirações, como os jantares de Michel Temer com o empresariado paulista e o apressado congresso nacional do PMDB, chegaram atrasados à festa golpista. A violência já estava em marcha, e Temer agiu para não perder o lugar. Pôs a coroa na cabeça antes que outros o fizessem, plantando o potencial abacaxi a ser descascado pelo Tribunal Superior Eleitoral, se necessário: a cassação do mandato de Dilma Rousseff por fraude na campanha eleitoral, mas desligando-a da campanha do candidato a vice, Michel Temer. Na festa de licenciosidade jurídica contemporânea não faltarão os constitucionalistas a redigir doutas interpretações de antigos casos, ou nunca existidos, dando total garantia de lisura à excepcionalidade.

O sólido consenso golpista não foi parido por nenhuma conspiração à altura do vocábulo. Resultou da convergência de vetos de agentes políticos relevantes, em operações decididas autonomamente, mas com coincidência de objetivos. Um golpe parlamentar supõe concordância tácita quanto a procedimentos e, tão importante, também quanto a silêncios. Há de haver unanimidade sobre o que é dito e sobre o que não é dito. A autocensura da imprensa, o exacerbado formalismo da judicatura, negando reconhecimento a ocorrências de arbitrariedades, inexistência de canais institucionalizados de resistência ao golpe, tudo faz parte da moldura que, admitindo confabulações conspiratórias à boca pequena entre grupos mais ou menos restritos, decorre do somatório contingente de interesses heterogêneos, mas de denominador comum – a derrubada do governo. As fontes prístinas do denominador comum ignoram os acidentes da história, sem deixar de ser integrantes essenciais do processo. Encontram-se nos movimentos sonâmbulos e mutuamente alheios de urbanização maciça e desequilibrada, gerando pressão por benefícios de transporte, educação, saúde, segurança, na rápida expansão dos setores industrial e de serviços da economia, instituições estatais em vias de subdesenvolvimento pela defasagem entre um aparato estatal oligárquico ou semidemocrático e uma sociedade expressiva do ponto de vista eleitoral e organizacionalmente agressiva, e perda de eficácia decisória por um Legislativo caótico. Havendo fratura no pacto social, econômico e político que dá sustentação ao governo, ficam dadas as condições para tentativas de golpes parlamentares, de coação crescente, sendo o governo simpático à direita.

Golpe parlamentar em sociedades de democracia representativa de massas consiste no sequestro do poder constituinte do povo na declaração dos princípios do pacto de governo. A Constituição em vigor, resultado de Assembleia Constituinte anterior, passa a ser dogmaticamente reinterpretada pelo governo golpista, que se outorga papel de controlador de sentido, deliberando, com formidável apoio da coalizão, sobre o que é constitucional e o que é crime contra a Constituição. Não há violência assumida contra adversários, mas aplicações inovadoras dos capítulos da Constituição necessários à consolidação do golpe. Daí a necessidade de manter satisfeitos os interesses do Judiciário e da imprensa, responsáveis, a última, pela agitação e propaganda do caráter legal e legítimo do exercício golpista do poder usurpado, e, o primeiro, pela entronização das arbitrariedades do governo como justo direito.

A segura ocupação do poder impõe urgente e truculenta ocupação do aparelho de Estado com o afastamento de todos os funcionários não devotos do golpe executado. Não se trata de recuperar uma burocracia weberianamente neutra, expelindo supostos simpatizantes do governo derrubado, alegadamente comprometida pela intromissão indevida do partido agora alijado do poder. Importa, precisamente, partidarizar os operadores principais da máquina, minimizando os riscos de oposição interna aos comandos do chefe do Executivo e seu estado-maior. Produção de ilegalidades sucessivas é fenômeno previsível, acionado pela origem fraudulenta do governo e pelas necessidades de esterilizar a retaguarda política e administrativa. Para tanto, ele conta com a colaboração passiva do Judiciário. Na verdade, conta mais. Conta com a defesa que diversas instâncias jurídicas prontamente oferecem ao governo, rejeitando com sistematicidade ações advocatícias contestando abusos do poder presidencial.

Sem acordo tácito entre considerável maioria do Judiciário e do Legislativo não há golpe parlamentar. Condições necessárias, o andamento em que se põem alinhados não é, claro, sincronizado nem necessariamente verbalizado. Aliás, o pacto tácito não deve ser explicitado, assim denunciando a conspiração pelo silêncio cúmplice. Pouco provável que em tal circunstância o empresariado se oponha. Bastaria a representação empresarial no Legislativo – indústria, comércio e agricultura – para impedir o acordo se não servisse a seus interesses. Segue-se que divergências entre setores empresariais recuam em importância. Sem apoio empresarial, por outro lado, maiorias no Judiciário e Legislativo mantêm-se a um passo da subversão. Congregação conjuntural de interesses, finalmente, é premissa indispensável ao sucesso da empreitada. Com a concordância de significativa maioria no Legislativo, o prosseguimento de propostas de derrubada do Executivo, caso não seja um surto de discernimento distorcido, indica o consenso tácito que irá assegurar a vitória institucional da subversão. Vitória golpista institucional apenas porque não é imediato nem certo que o golpe prevaleça também sobre as divisões sociais.

No Brasil, o golpe parlamentar não obteve subscrição dos grupos mobilizados. Mesmo a maior parte dos segmentos populacionais que, passivamente, desejavam a destituição de Dilma Rousseff não percebia com clareza os lances seguintes. Sim, foi surpreendente para enorme contingente oposicionista que a derrubada de Dilma Rousseff implicasse, *ipso facto*, a entrega do poder a Michel Temer e seu grupo do PMDB. Não obstante, uma vez executado, parece incalculável a magnitude da reação das ruas que conseguiria reverter decisões do Congresso, sacramentadas pelo Judiciário.

A imprensa, finalmente, é ator subsidiário, embora crucial na trincheira da agitação e propaganda. Cabe a ela a difusão do noticiário alimentador da insatisfação larvar de diversos grupos, dispondo-os para a perversão psicológica de que a substituição da Presidência da República se impõe pelo caráter agônico da crise. Competentes geradores de ansiedade e angústia, os meios de comunicação impressa tornam-se determinadamente letais como *serial killers* de caráter e de reputação ao controlarem rádios e, fundamentalmente, canais de televisão. Um dos itens materiais postos ao alcance da população de baixa renda serve à catequização dela, convertendo-a circunstancialmente em apóstata da liderança que apoiara.

O sequestro do poder constituinte do povo se processa por golpe parlamentar, em colusão tácita com o Judiciário e o empresariado, tendo a unanimidade relevante da imprensa como filtro do noticiário que chega às grandes massas. A imprensa colabora decisivamente para a consolidação do poder usurpado substituindo a conexão de sentido entre eventos, a racionalidade comum à maioria das pessoas na percepção dos acontecimentos, pela imposição de causalidades precárias entre ações de governo e artigos do Código Penal. Na atual conjuntura, contam os golpistas, de forma transitória, com a violenta operação dos procuradores e juízes da Lava Jato, patologicamente obsessiva em atribuir malignidade por intenção a fatos insignificantes. Na peça em um ato *A lição*, Ionesco fabrica o percurso que vai de uma aula sobre funções trigonométricas, ou equações de segundo grau, da matemática, enfim, ao assassinato. Evidentemente a matemática era apenas pretexto. Há registros sem conta de como, na União Soviética e países seguidores, tornou-se normal aceitar a demonstração de que adquirir uma calça jeans no mercado negro da Praça Vermelha, em frente ao túmulo de Lênin, indicava o elo de uma cadeia de causalidades e culpabilidades culminando na traição à pátria. *A lição*, de Inonesco, é um discurso realista sobre tiranias. A Lava Jato habita parede-meia com os professores de matemática de Ionesco e os procuradores públicos da antiga União Soviética.

A urgente ocupação das mesas burocráticas e a avalanche de legislação tentando redesenhar o território político e social do país configuram o modo de operação dos usurpadores. Não faz parte da agenda dos usurpadores patrocinar debates públicos e demorados sobre as mudanças que desejam introduzir na estrutura legal do país. A nova oposição, os participantes do governo decaído e os grupos sociais e econômicos derrotados, detém poder para embaraçar os projetos de implantação acelerada do capitalismo pós-crise mundial de 2007-2008, assentado sobre reversão de políticas distributivas e imposição de medidas de elevado custo social. O futuro será de qualquer modo tortuoso, a conferir a aplicação da mesma terapêutica em outras democracias representativas, nas quais a vitória eleitoral de conservadores (vide países nórdicos) ou a desistência de governos populares (vide Espanha e Grécia) poupou-as da farsa de golpes parlamentares.

A extensão do sucesso operacional do golpe dependerá da capacidade de mobilização e resistência dos grupos golpeados. E esta não é uma conclusão retórica e impotente, mas a advertência de que, substantivamente, o universo político é cambiante, graças à própria institucionalização do golpe, cujas políticas provocarão, de modo inapelável, a desagregação do consenso que antecedeu o lançamento da aventura golpista.

Em pé de igualdade com o sequestro do poder constituinte do povo, o golpe parlamentar está obrigado a suspender os critérios públicos de objetividade. Neste capítulo, a imprensa e a academia adquirem extraordinária importância. Posto que infundadas as razões justificativas do impedimento, os determinantes reais da crise econômica e social do país não incluíam, obviamente, fosse a competência, fosse a flexibilidade política ou a honestidade dos governantes destituídos. Agora, a objetividade dos processos econômicos e as efetivas pressões materiais que põem o mundo em movimento devem ser substituídas por versões privadas, com aquelas pinceladas de realismo de que se vangloriam as boas ideologias. Descrevi o mesmo processo no parágrafo anterior, lembrando uma peça de teatro e uma peculiaridade da tentativa frustrada de construção de uma sociedade solidária. Lá era metáfora, aqui, o homólogo real. Tendo por início um crime de sequestro institucional e um desenlace de privatização da objetividade, os golpes parlamentares constituem fenômeno novo na história das tensões entre capitalismo e democracia de massas.

Esta história se interrompe aqui, mas o tema de que tratou está na essência do cotidiano do cidadão de hoje. Em bom português: o Brasil não restará solitário no conjunto de golpes parlamentares com bênção constitucional. Está apenas anunciando as vicissitudes democráticas do século XXI.

Este livro foi produzido nas
oficinas da Imos Gráfica e Editora na
cidade do Rio de Janeiro